广东哲学社会科学规划优秀成果文库

食品企业社会责任行为的动力机制研究

左伟 著

WUHAN UNIVERSITY PRESS
武汉大学出版社

图书在版编目(CIP)数据

食品企业社会责任行为的动力机制研究/左伟著.—武汉：武汉大学出版社,2025.6
广东哲学社会科学规划优秀成果文库
ISBN 978-7-307-24346-0

Ⅰ.食…　Ⅱ.左…　Ⅲ.食品企业—企业责任—社会责任—研究—中国　Ⅳ.F426.82

中国国家版本馆 CIP 数据核字(2024)第 069061 号

责任编辑:唐　伟　　　责任校对:汪欣怡　　　版式设计:马　佳

出版发行:**武汉大学出版社**　　(430072　武昌　珞珈山)
　　　　　　(电子邮箱:cbs22@whu.edu.cn　网址:www.wdp.com.cn)
印刷:湖北云景数字印刷有限公司
开本:720×1000　1/16　　印张:14.5　　字数:203 千字　　插页:1
版次:2025 年 6 月第 1 版　　2025 年 6 月第 1 次印刷
ISBN 978-7-307-24346-0　　　　定价:58.00 元

《广东哲学社会科学规划优秀成果文库》
出版说明

为充分发挥哲学社会科学优秀成果和优秀人才的示范带动作用，促进广东哲学社会科学繁荣发展，助力构建中国哲学社会科学自主知识体系，中共广东省委宣传部、广东省社会科学界联合会决定出版《广东哲学社会科学规划优秀成果文库》（2021—2023）。从 2021 年至 2023 年，广东省获立的国家社会科学基金项目和广东省哲学社会科学规划项目结项等级为"优秀""良好"的成果中，遴选出 17 部能较好体现当前我省哲学社会科学研究前沿，代表我省相关学科领域研究水平的学术精品，按照"统一标识、统一封面、统一版式、统一标准"的总体要求组织出版。

2024 年 10 月

前　　言

党的十九大报告提出："实施食品安全战略，让人民吃得放心。"针对食品不安全事件，国家有关部门始终保持高压严打态势，但食品安全问题还是一直困扰着国人。频繁出现食品安全问题一方面是由于科技带来的风险，另一方面凸显了监管体制不力，更为关键的问题是食品生产企业社会责任缺失。通常认为，食品企业社会责任缺失的原因在于经济利益的诱惑导致企业违规违法行为以及政府监管不到位，也就是说企业的内部和外部两方面都出了问题。

那么食品生产企业是否有认真履行社会责任的动力呢？如果有，动力取决于哪些因素？这些因素彼此之间的关系如何？这些因素如何有效地作用于食品企业，使其更好地履行社会责任？协调各个因素之间关系的具体运行方式是什么？本研究围绕以上问题展开动力机制研究，遵循"提出问题—分析问题—解决问题"的思路，以从"是什么"到"为什么"再到"怎么办"的逻辑，通过文献研究、实证研究、案例研究等方法展开研究，主要研究内容包括以下几个方面：

（1）相关理论基础。

通过梳理与食品企业社会责任行为相关的理论如利益相关者理论、外部性理论、博弈理论、契约理论以及道德领导理论，进一步理解促进食品企业社会责任行为的动力因素、实现机制及动力模型。

（2）食品企业社会责任行为的动力机制实证研究。

结合食品企业责任动力机制相关研究，提出研究假设，构建研究模型，探讨企业外部的强制力、模仿力、规范力及内部的经济力、道德力、政治力等多维因素对企业的社会责任行为的影响。通过发放和收集问卷、统计分析样本数据，进行假设检验和分析，得出对企业社会责任行为有显著影响的动力因素。实证研究显示，由企业直接二元经济关系合作伙伴的社会责任表现、公众（包括新闻媒体在内的非政府组织）期望构成的规范力，对企业社会责任行为有显著影响，企业领导的道德动力是食品企业社会责任行为的重要影响因素。研究认为，要加强外部强制力对食品企业社会责任行为的作用，很有必要加强政府的监管作用；在全民教育中加强道德教育，尤其对企业家加强道德培训有利于促进食品企业社会责任行为。

（3）食品企业社会责任行为与政府管理研究。

从政府强制力为何未能有效促进我国食品安全的问题出发，基于博弈理论剖析其中的问题。通过分析地方监管部门与食品企业、中央监管与地方监管部门的两级博弈关系，发现食品企业由于短视趋利可能会忽视食品质量，且对地方监管部门行贿；而地方监管部门出于税收等自身利益，会放松对企业的监管行为；免检的制度会导致企业忽视食品安全。因此，中央政府应加强对地方政府的激励约束作用，政府对食品企业的强制力必须注重效率与效果。本研究结合"三鹿奶粉"事件对博弈模型进一步剖析，认为中央政府作为社会利益的代表必须承担起相应责任，切实加强对地方部门的有效监管，通过调整其激励机制，加强责任追索制度。政府在监管食品安全的责任行为上责无旁贷。

（4）食品企业社会责任缺失行为与消费者惩罚意愿研究。

基于期望理论与归因理论，将企业社会责任缺失行为按照道德缺失与能力不足两种责任归因，分析消费者对于食品企业的惩罚意愿。通过实证分析，发现两类责任归因对消费者的惩罚意愿均有显著正影响，但影响程度有差异；与企业的"能力不足"相比，消费者对企业的"道德缺失"行为惩罚意愿更强。说明企业一旦出现道德败坏的行为，消费者会对其有严厉的惩罚行为。在责任归因与消费者的惩罚意愿之间，消费者感知起中介作用。消费者对食品企业社会责任缺失的感知受到企业规模影响，往往对大型企业的责任缺失行为感知比一般企业更强，这样，如果领军企业发生责任缺失行为，消费者惩罚意愿会更高。因此，食品企业应该严守道德底线，并加强自身管理、提高技术，大型食品企业更应发挥在行业中的引领作用。

（5）食品企业社会责任行为与管理者道德研究。

通过研究食品企业的道德领导、社会责任行为、组织信任及组织公民行为的关系，构建模型并实证探讨食品企业的道德领导与社会责任行为的相关关系，深层次挖掘食品企业领导如何进行内部企业社会责任引领，从而实现中国情境下食品企业的可持续发展。研究发现，企业管理者道德行为直接和间接影响下属社会责任的认知，最终引发下属和团队相同特征和行为的出现，研究证实了食品企业的道德领导与企业社会责任行为正相关。因此，在全民教育中加强道德教育，尤其对企业家加强道德培训，有利于促进食品企业社会责任行为。

（6）食品企业社会责任行为案例研究。

通过霸王花食品集团公司的案例，分析其企业社会责任行为与过程，了解其公司理念、责任行为以及其对决策行为的意义解释，揭示企业社会责任动力来源的中国本土化理论模型。从案例可以看出，企业创始人的理念及过去的经历为企业价值观奠定了基础；在公司治理中，将创始人的个人价值观转化为企业理念，构成企业文化，形成高层管理者的价值观和理念，并将责任思想融入日常管理，建立一套完整的规章制度并有效地执行，从而促进责任行为的落实。食品企业的责任行为包括企业与员工及合作农户保持忠诚合作，并将成功的企业战略模式复制到其他地区，同时友好对待竞争对手，关心社区、媒体、政府，投身公益慈善等活动。霸王花食品企业案例印证了道德领导可有力促进企业社会责任行为的理论，并显示出责任行为与企业绩效正相关。

（7）结论和建议。

总结归纳前面的研究，笔者认为促进食品企业社会责任行为是一个系统工程，需要通过"经济+社会+法律+道德"等多种途径加以解决，切实加强对地方部门的有效监管，通过调整其激励机制，加强责任追索制度，避免其与企业的合谋，重视企业管理者的责任道德，并重视信誉、文化等软环境。企业内外各种力量的有效联动和配合才是食品企业履行社会责任的长期动力机制。

目　　录

1 绪 论

1.1 研 究 背 景

我国发生的一系列食品安全事件曾震惊了整个国家,如"苏丹红"事件 (Yan, 2005;即使用违禁的工业染料苏丹红对蔬菜、面条和肯德基的炸鸡等食品上色)① 和"假酒"事件 (Linlin, 2010;即涉及我国葡萄酒的化学变化和虚假标签)② 至今仍影响着消费者的信心。而引起全球媒体关注的则是"三鹿奶粉"事件 (Bodden, 2009;即配方奶粉中含有三聚氰胺,导致至少 6 名婴儿死亡,超过 5 万名婴儿需要接受医疗治疗)③,这一食品企业重大负面事件伤害了整个社会,至今仍影响着我国奶制品行业。

频繁出现的食品安全问题:其一是由于科技带来风险,其二凸显了监

---

① Yan H. Red Dye a Food for Thought for Chinese [EB/OL]. China Daily. [2005-03-31]. https://www.chinadaily.com.cn/english/doc/2005-03/31/content_429921.htm.

② Linlin L. Fake Wine Stuns Nation [EB/OL]. Global Times. [2010-12-27]. https://www.globaltimes.cn/content/604367.shtml.

③ Bodden C. China Executes 2 People over Tainted Milk Scandal [EB/OL]. The Huffington Post. [2009-12-24]. http://www.huffingtonpost.com/2009/11/24/china-executes-2-people-o_n_368657.html.

管体制不力，其三则源于食品生产企业社会责任的缺失。"安全的食品是生产出来的，不是靠监管出来的，关键还在于食品生产经营者"（陈君石，2014）。① 食品生产企业是食品安全的第一责任人，其行为直接决定了食品安全程度。而"90%以上的食品不安全事件发生是由于加工层出现问题，4%的食品不安全事件是由于原料出了问题，4%的问题出在终端层，只有2%的问题出在流通层"（顾宇婷、施晓江，2005）。② 超过五成的食品安全事件是由人源性因素导致的，包括造假与欺诈、质量指标不符合标准、生产加工工艺不完善、超范围超限量使用食品添加剂、非法添加非食用物质等。③ 如，2014年上海华西食品有限公司（是麦当劳和肯德基的肉类供应商）被发现将过期的腐肉重新包装，并对保质期进行更新（Burkitt & Bunje，2014）；④ 2019年同仁堂（三百年老字号）被曝"回收过期蜂蜜"；2021年央视"3·15"报道，每年约出栏70万头羊的河北青县肉羊养殖户违禁使用瘦肉精；⑤ 2022年央视"3·15"报道的"土坑酸菜事件"又令食品安全问题冲上热搜。

针对食品不安全事件，国家有关部门始终保持高压严打态势。2009年出台《中华人民共和国食品安全法》明确要求食品企业承担社会责任。党的十九大报告提出："实施食品安全战略，让人民吃得放心。"国家有关部门陆续颁布了一系列严格的法律法规，近期又有《2021年度食品安全国家

---

① 陈君石院士：为什么说食品安全方面中国是全世界监管力度最强的国家 [EB/OL]. 人民网 . [2014-06-30]. http：//www. people. com. cn/n/2014/0630/c32306-25220183. html? ivk_sa = 1023231z.

② 顾宇婷，施晓江 . 食品供应链环节的监管博弈 [J]. 中国食品药品监管，2005 (7)：5-8.

③ 江南大学在京发布《中国食品安全发展报告（2019）》等研究成果 [EB/OL]. 新华网 . [2014-06-30]. http：//www. xinhuanet. com/food/2020-01/15/c_1125461485. html.

④ Burkitt L，Bunje J. Meat-supplier's CEO Apologizes for China Unit [EB/OL]. The Wall Street Journal. [2014-07-23]. http：//online. wsj. com/articles/chinese-authorities-say-shanghai-husi-food-violations-company-led1406081978# livefyre-comment.

⑤ 河北青县全面封控排查"瘦肉精"问题羊 3名涉事人员被控制 [EB/OL]. 新华网 . [2021-03-21]. http：//www. xinhuanet. com/local/2021-03/16/c_1127216445. html.

标准立项计划》《食品安全标准管理办法（征求意见稿）》《进出口食品安全管理办法（征求意见稿）》等政策，以促进食品行业健康发展，这些政策和导向总体保证了食品安全形势稳中向好。但消费者对于食品安全方面的满意度并不高，"2018 中国综合小康指数"调查显示，自 2012 年以来，食品安全问题已连续六年位居"最受关注的十大焦点问题"排行榜的首位。中国工程院重大咨询研究项目成果《中国食品安全现状、问题及对策战略研究》显示，消费者对食品安全的满意度仅为 13%。①

1.2 选题依据

食品安全问题影响民生，持续受到国内外学者的关注和重视，研究多集中在食品安全的原因及如何进行食品安全治理。食品安全问题可能出现在食品供应链各环节，但食品安全事件的高发区域在生产和加工过程（李清光等，2016），② 占到食品安全事故的 80%（罗兰等，2013），③ 突出问题体现在食品生产者的"无良"（周应恒、王二朋，2012），④ 食品经营者的"明知故犯"占了食品安全事件的 68.2%，过于趋利而丧失道德是目前食品安全问题的主要成因（文晓巍等，2012）。⑤

在西方，对食品安全的高度重视可能最早来源于 Upton Sinclair（1906），因其纪实小说《丛林》（*The Jungle*）引发了对芝加哥肉类不卫生

① 旭日干，庞国芳. 中国食品安全现状、问题及对策战略研究 [M].北京：科学出版社，2015.

② 李清光，吴林海，王晓莉. 中国食品安全事件研究进展 [J].食品工业，2016，37（11）：219-224.

③ 罗兰，安玉发，张红霞，古川. 我国食品安全现状与风险来源：以餐饮业为例 [J].中国卫生政策研究，2013，6（7）：51-56.

④ 周应恒，王二朋. 优化我国食品安全监管制度：一个分析框架 [J].南京农业大学学报（社会科学版），2012，12（4）：119-123.

⑤ 文晓巍，刘妙玲. 食品安全的诱因、窘境与监管：2002—2011 年 [J].改革，2012（9）：37-42.

条件的关注，推动了美国食品安全监管司法制度改革，促成了美国《纯净食品与药品法》的颁布。在西方学术界，真正进入食品质量安全方面的研究始于 20 世纪上半叶。我国学术界开始关注起食品质量安全是在 20 世纪 80 年代中后期，基本上告别了短缺经济时代。

在食品安全监管方面，许多学者认为，政府应该扮演重要的角色，强调通过加强政府的监管来提高食品安全（刘小峰、陈国华、盛昭瀚，2010；胡颖廉，2011；吴佳惠，2016），[1][2][3] 但运动式监管、选择性监管弊端多多。也有越来越多的学者认为安全的食品是企业生产出来的，不是监管出来的，食品安全的监管需要多方合作，实现激励相容（周应恒、宋玉兰、严斌剑，2013）。[4] 但如何让食品企业主动地承担食品安全的责任，尚缺乏深入的研究成果。

企业社会责任（Corporate Social Responsibility，CSR）概念最早由英国的欧利文·谢尔顿[5]（Oliver Sheldon）于 1923 年在《管理的哲学》一书中提出，后来被 Bowen（1953）定义为商人在获得企业利润的同时，有必要根据社会的需求去履行一定的义务，树立良好的企业形象。[6] 西方学者现在对企业社会责任的研究注重定义和范围的界定与完善，关注企业的竞争优势（Michael et al.，2006）[7]、财务绩效、企业社会责任对企业治理和民

---

① 刘小峰，陈国华，盛昭瀚. 不同供需关系下的食品安全与政府监管策略分析 [J]. 中国管理科学，2010，18（2）：143-150.

② 胡颖廉. 政府监管视野下的食品安全 [J]. 行政管理改革，2011（9）：40-42.

③ 吴佳惠. 政府食品安全监管能力研究 [M]. 厦门：厦门大学出版社，2016.

④ 周应恒，宋玉兰，严斌剑. 我国食品安全监管激励相容机制设计 [J]. 商业研究，2013（1）：4-11.

⑤ Sheldon O. The Philosophy of Management [M]. London：Isaac Pitman Sons，1923.

⑥ Bowen H R. Social Responsibilities of the Businessman [M]. New York：Harper & Row，1953.

⑦ Michael E P，Mark R K. Strategy and Society：The Link between Competitive Advantage and Corporate Social Responsibility [J]. Harvard Business Review，2006，84（12）.

主理论的影响（Inoue et al.，2011）①、企业环境绩效（Yan et al.，2021）② 和企业社会责任对企业绿色创新（Hao et al.，2022）的影响③等方面的研究。

我国关于企业社会责任的研究起步较晚，是在 SA8000 认证体系下及外资企业在中国企业社会责任实践中推进的。跨入 21 世纪以来，我国采用科学发展观，和谐社会、以人为本已成为社会各界共识。在全球"企业社会责任运动"影响下，企业家以及企业理论研究者们日益关注企业社会责任问题。而系统化的社会责任动力机制研究，对解决我国企业社会责任推进困境有极强的紧迫性和必要性（易开刚，2009）。④

由于行业存在着差异，企业应承担的社会责任亦有很大差别，因此很有必要针对不同行业展开企业社会责任研究。电力、石化等行业在经营中对于能源、资源的消耗很大，并且会排出大量废水、废渣、废气，因此其企业社会责任的重点在环境责任。食品行业是市场化程度较高的竞争性行业（殷红，2015），⑤ 食品企业的特点是其产品关系到人民生命安全和生存质量，食品质量安全重大事件多因道德因素而起（姜启军，2013），⑥ 食品企业的社会责任是以食品安全为核心。随着经济的发展，人们对食品的需求已从数量向质量转变，日益关注和期望安全的食品，要求食品企业

---

① Inoue Y, Lee S. Effects of Different Dimensions of Corporate Social Responsibility on Corporate Financial Performance in Tourism-Related Industries [J]. Tourism Management, 2011, 32 (4)：790-804.

② Yan S, Almandoz J J, Ferraro F. The Impact of Logic (in) Compatibility：Green Investing, State Policy, and Corporate Environmental Performance [J]. Administrative Science Quarterly, 2021, 66 (4)：903-944.

③ Hao J, He F. Corporate Social Responsibility (CSR) Performance and Green Innovation Evidence from China [J]. Finance Research Letters, 2022, 48：102889.

④ 易开刚. 企业社会责任的系统化实现：模型与机制 [J]. 学术月刊, 2009, 41 (4)：80-85.

⑤ 殷红. 媒体监督、媒体治理与企业社会责任——伊利股份产品质量问题案例分析 [J]. 财会通讯, 2015 (19)：12-15.

⑥ 姜启军. 企业社会责任与食品质量安全管理的理论和实证分析 [J]. 华东经济管理, 2013, 27 (2)：92-96.

重视其对各利益相关者相应的社会责任（吕玉芹、蒋欣文，2009）。① 因此，学者们将食品安全与企业社会责任联系起来，探寻促进食品企业社会责任履行来提升食品安全水平的有效途径（罗培新，2020）。②

一些学者认为，企业作出充分体现企业社会责任行为的商业决策更多来自制度压力（Institutional Pressure）（Xiaojie et al.，2019）；③ 更多学者、政府及社会人士意识到，食品企业的经营管理不只是企业个体的行为，而与社会公众利益息息相关。频繁出现的食品安全事件折射出我国食品企业承担责任的动力机制严重缺乏。食品安全的解决路径不能再走"头痛医头，脚痛医脚"的老路，而应找到一条"治标又治本"的深层治理之路。

本研究于 2023 年 5 月 30 日在 CNKI 中国期刊全文库 2000—2023 年收录的文章中分别以企业社会责任、食品安全为篇名，检索得出结果 11755 条和 29430 条，以"企业社会责任+食品安全"为篇名，得到检索结果为 70 条，以"食品企业+企业社会责任"为篇名，得到检索结果为 100 条，从"企业动力机制"入手进行研究的仅 17 篇，可见，将食品安全与企业社会责任结合起来的直接研究还不多，并且多较零散，缺乏系统性的分析，从动力机制着手的更为不足。

食品企业社会责任缺失的原因通常是企业受到眼前经济利益的诱惑做出违规违法行为以及政府监管不到位，即企业的内部和外部两方面都出了问题。那么食品企业是否有认真履行社会责任的动力？如果有，动力取决于哪些因素？这些因素彼此之间的关系如何？这些因素如何有效地作用于食品企业，使其更好地履行社会责任？协调各个因素之间关系的具体运行方式是什么？本研究主要从这些问题展开，以努力推进食品安全问题"零

① 吕玉芹，蒋欣文. 食品制造企业社会责任及信息披露——基于利益相关者视角 [J]. 山东财政学院学报，2009（5）：64-68.

② 罗培新. 企业的食品安全社会责任及其法律化路径研究 [J]. 社会科学研究，2020（1）：21-27.

③ Xiaojie W, Xiaochun C, Yunyan P, et al. Institutional Environmental Uncertainty and Firm's Vertical Integration Model：The Role of Cognitive Bias and Dynamic Capability [J]. Management Review, 2019, 31（6）：169.

容忍"，从根本上保障"舌尖上的安全"（张璇等，2022）。①

1.3 研究目的和意义

1.3.1 研究目的

本研究立足于食品企业的行业特性，系统分析宏微观环境中影响企业社会责任行为的关键因素，探讨其对企业责任绩效的作用机制。在此基础上，将相关影响因素纳入企业长期发展战略，构建"企业—政府—媒体—公众"的系统化的社会责任动力机制。最终目标是促进以食品安全为核心的企业社会责任行为，并增强企业的可持续竞争力，提升人民幸福指数。

1.3.2 研究意义

（1）理论意义

本研究将社会责任理论的普遍性与食品企业的特殊性结合起来，提出企业责任行为背后的动力机制科学问题。通过实证分析探讨企业外部的强制力、模仿力、规范力及内部的经济力、道德力、政治力多维因素对企业社会责任行为的影响，揭示我国食品企业行为背后重要的影响力量，是解决我国食品安全问题的有益理论尝试。

（2）实践意义

本研究针对食品安全问题，通过实证研究政府、消费者、企业高管等重要利益相关者对企业责任行为的影响，并结合案例分析，揭示利益相关者对食品企业承担社会责任的影响力。为政府提高其监管效率，制定更利于促进食品企业责任行为的政策法规提供参考，为企业内部更好地承担社

---

① 张璇，孙雪丽，薛原，李春涛. 卖空机制与食品安全——基于溢出效应的视角 [J]. 金融研究，2022 (3)：152-170.

会责任行为提供有价值的实践参考，从而促进食品企业食品安全，减少其社会责任缺失行为，提升我国公民的生活质量。

1.4　相关概念界定

本研究主要涉及食品安全、企业社会责任、食品企业社会责任、动力机制等概念，本节将分别对其进行界定。

1.4.1　食品安全

根据《中华人民共和国食品安全法》（2021 年 4 月 29 日修订，以下简称《食品安全法》），食品是指"各种供人食用或者饮用的成品和原料以及按照传统既是食品又是药品的物品，但是不包括以治疗为目的的物品"。食品安全是指"食品无毒、无害，符合应当有的营养要求，对人体健康不造成任何急性、亚急性或者慢性危害"。

《食品安全法》认为，食品生产经营者对其生产经营食品的安全负责。食品生产经营者应当依照法律、法规和食品安全标准从事生产经营活动，保证食品安全，诚信自律，对社会和公众负责，接受社会监督，承担社会责任。

联合国粮农组织与世界卫生组织于 2001 年联合出版了《保障食品的安全和质量：强化国家食品控制体系指南》，其中指出：食品安全涉及那些可能使食品对消费者健康构成危害（无论是长期的还是立即的）的所有危害因素。

食品安全往往分为数量安全、质量安全和可持续安全三个部分（周应恒、霍丽玥，2003）。① 对于世界各国尤其是发展中国家，首先要解决的食

---

① 周应恒，霍丽玥．食品质量安全问题的经济学思考 [J]．南京农业大学学报，2003（3）：91-95.

品问题是"食品数量安全"问题，它反映了一个国家或地区能否生产民族基本生存所需的膳食需要，在过去食品并不丰富甚至短缺的年代，研究者多关心"食品数量的安全"。而"食品质量安全"涉及的是食品是否被污染、是否有毒、添加剂是否违规超标、标签规范与否等问题，以满足和保障人在营养卫生方面的健康需要。"食品可持续安全"指在合理利用和保护自然资源的情况下获得保持健康生命所需要的食品，使食品生产可持续发展（仝新顺、吴宜，2010）。①

食品的生产受到多种因素的影响，它是一个不间断的连续活动过程，在生产过程中具有难以对人工调节与质量控制活动程序化的特点，"产品质量差异性"在工业品生产上易于掌控，但在食品生产过程中却难于监控（罗必良，1999）。②

本研究讨论的食品安全是指"食品质量安全"问题，即食品质量对使用者健康、安全的保证程度。

1.4.2 企业社会责任

对于企业社会责任的定义，哈罗德·孔茨（Harold Koontz）和海因茨·韦里克（Heinz Weihrich）认为："企业的社会责任就是认真地考虑企业的一举一动对社会的影响。"③ Stephen P. Robbins 与 Mary Coulte 认为："企业社会责任是指超过法律和经济要求的、企业为谋求对社会有利的长远目标所承担的责任。"④ 佐治亚大学管理学教授阿奇·B. 卡罗尔（Archie B. Carroll）于 1979 年提出并于 1991 年完善了企业社会责任金字塔模型（见图 1-1），⑤ 他认为企业社会责任分为四个部分：最基本的责任

① 仝新顺，吴宜. 食品安全的可追溯系统研究综述 [J]. 物流工程与管理，2010（1）：126-138.

② 罗必良. "奥尔森困境"及其困境 [J]. 学术研究，1999（9）：8-11.

③ [美] 哈罗德·孔茨，海因茨·韦里克. 管理学（第十版）[M]. 郝国华，等，译. 北京：经济科学出版社，1998.

④ Robbins S P, Coulte M. Management [M]. 北京：清华大学出版社，2001.

⑤ Carroll A B. A Three-Dimensional Conceptual Model of Corporate Social Performance [J]. Academy of Management Review，1979，4（4）：497-505.

是经济责任，它是其他三种责任的基础；承担经济责任时企业需要遵守法律法规；之上是伦理责任，即做正确、公平、公正的事，并避免或最小化利益相关者可能的损害；最后是慈善责任，即社会期望企业成为优秀的企业公民。企业的四种责任是一个互相联系的有机整体，基本责任是经济责任和法律责任，高层次责任是伦理责任和慈善责任，这四种责任并不互相排斥。企业社会回应是行动导向的企业社会责任；企业社会表现则是涵盖企业社会责任类别、企业社会回应的见解和利益相关者问题的整合或集合。

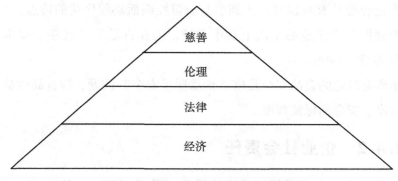

图 1-1　Carroll 的社会责任金字塔模型

资料来源：Carroll A B. The Pyramid of Corporate Social Responsibility：Toward the Moral Management of Organizational Stakeholders ［J］. Business Horizons，1991，7/8：39-48.

在我国和谐社会建设环境下，企业被认为是一个"多面体"：在经济范畴需要追求最大利润；在法律范畴要做好的"企业公民"；在道德范畴要承担社会责任。因此，本研究界定的企业社会责任包括两个方面：一是在企业内，要构造各个利益主体之间的和谐氛围；二是在企业外，要主动承担对自然环境、对社会各利益相关者的义务。

1.4.3　食品企业社会责任

根据第三次工业普查的分类方法，我国的食品行业被分为五个部分，即：采盐业、食品加工业（现称为农副食品加工业）、食品制造业、饮料制造业、烟草加工业，本研究将食品企业定义为农副食品加工企业和食品制造企业。

　　食品企业的产品具有以下特点：利润水平较低，基本为民生产品，受到供产销价值链上多个环节密切的相互影响。食品的安全是食品企业责任行为的底线，即保证食品安全是食品企业社会责任的内核特征。本书对食品企业社会责任行为的关注点集中在提供安全健康的食品，这是一个食品企业应承担的最基本的责任行为，在此之上承担对其利益相关者的责任行动（包括诚实、平等、尊重和保护他们公平正义利益的行为），并且开展能够为整个社会的发展和进步带来利益的行动（曹培，2012）。①

1.4.4　动力机制

　　动力是一种力量，能推动事物运动与发展，它有调整至和谐的意义，将其运用于社会经济领域，常指通过观念、价值取向和利益分配的各方协调，达到均衡、有序地发展的目标。本研究探讨的动力是作为推动事物运动与发展的力量。

　　机制原指机器的构造和工作原理，现已广泛应用于自然现象和社会现象，指其内部组织和运行变化的规律（王洪光，2001）。② 机制在任何一个系统中都有着基础性的、根本的作用。良好的机制在理想状态下可以使社会系统自适应——即使外部发生不确定变化，机制可自动地迅速反应，对原定的策略和措施进行调整，做出目标优化。机制通过微观层次运动的控制、引导和激励，使系统从微观上的相互作用转化为宏观的定向运动，反馈在这一过程中起着稳定系统的重要作用。

　　动力机制，就是把系统动力和作用机制结合起来，即系统动力按照特殊约束关系所进行的演化运动（刘恒江、陈继祥，2005）。③ 本书研究的

　　① 曹培．基于利益相关者的企业社会责任与企业价值关系研究［D］.南京大学，2012.

　　② 王洪光．试论利益群体的分化与社会稳定［J］.理论视野，2001（4）：26-27.

　　③ 刘恒江，陈继祥．基于动力机制的我国产业集群发展研究［J］.经济地理，2005，25（5）：607-611.

食品企业社会责任的动力机制是一个综合系统，它由各种经济关系、组织制度构成，指推动、维持和改善食品企业 CSR 的动力要素。

1.5　研究内容与研究方法

1.5.1　主要研究内容及观点

本研究遵循"提出问题—分析问题—解决问题"的研究思路，沿着基于食品安全责任行为的"内在动机—外在动机—缺失分析—提升路径"的逻辑主线，在认知逻辑上，从是什么到为什么再到怎么办，通过文献研究、规范研究、案例研究等方法对"我国食品企业社会责任缺失的原因是什么?""推动食品企业社会责任行为的动力是什么?""这些动力如何有效地作用于食品企业更好地履行社会责任?"等问题展开研究。主要研究内容包括以下几个方面：

一是引言，包括研究背景、选题依据、目的和意义，关于食品安全、企业社会责任、动力机制等基本概念的界定，主要研究内容、研究方法、研究创新以及可能的不足。

二是相关理论基础。通过梳理与食品企业社会责任行为相关的理论，如利益相关者理论、外部性理论、博弈理论、契约理论以及道德领导理论，进一步理解促进食品企业社会责任行为的动力因素、实现机制及动力模型。

三是食品企业社会责任行为的动力机制实证研究。在前一章研究基础上，结合食品企业责任动力机制相关研究，提出研究假设，探讨企业外部的强制力、模仿力、规范力及内部的经济力、道德力、政治力多维因素对企业社会责任行为的影响，通过问卷资料的发放和收集，统计分析样本数据，进行假设检验和分析，得出对企业社会责任行为有显著影响的动力因素。实证研究显示，由企业直接二元经济关系合作伙伴的社会责任表现、公众（包括新闻媒体在内的非政府组织）期望构成的规范力，对企业社会责任行为有显著影响，企业领导人的道德动力是促使食品企业社会责任行为的重要因素。研究认为，要加强外部强制力对食品企业社会责任行为的作用，很有必要加强政府的监管作用；在全民教育中加强道德教育，尤其对企业家加强道德培训有利于促进食品企业社会责任行为。

四是食品企业社会责任行为与政府管理研究。从政府强制力为何未能有效促进我国食品安全的问题出发，基于博弈理论，分析地方监管部门与食品企业、中央监管与地方监管部门的两级博弈关系，剖析食品安全管制存在的问题及原因。研究发现，食品企业由于短视趋利可能会忽视食品质量，且对地方监管部门行贿；而地方监管部门出于税收等自身利益，会放松对企业的监管行为；免检的制度会导致企业忽视食品安全。因此，中央政府应加强对地方政府的激励约束作用，政府对食品企业的强制力必须注重效率与效果。本研究结合"三鹿奶粉"事件进行案例分析，认为中央政府作为社会利益的代表必须承担起相应责任，切实加强对地方部门的有效监管，通过调整其激励机制，加强责任追索制度，避免其与企业的合谋。政府在监管食品安全的责任行为上责无旁贷。

五是食品企业社会责任缺失行为与消费者惩罚意愿研究。基于期望理论与归因理论，将企业社会责任缺失行为按照道德缺失与能力不足两种责任归因，分析消费者对于食品企业的惩罚意愿。通过实证分析，发现两类责任归因对消费者的惩罚意愿均有显著正影响，但影响程度有差异。与企业的"能力不足"相比，消费者对企业的"道德缺失"行为惩罚意愿更强，说明企业一旦出现道德败坏的行为，消费者会对其有严厉的惩罚行为。在责任归因与消费者的惩罚意愿之间，消费者感知起中介作用。消费者对食品企业社会责任缺失的感知受到企业规模影响，往往对大型企业的责任缺失行为感知比一般企业更强，这样如果领军企业发生责任缺失行为，消费者惩罚意愿会更高。因此，食品企业应该严守道德底线，并加强自身管理、提高技术，大型食品企业更应发挥在行业中的引领作用。

六是食品企业社会责任行为与管理者道德研究。应通过研究食品企业的道德领导、社会责任行为、组织信任及组织公民行为的关系，构建模型并通过实证来探讨食品企业的道德领导与社会责任行为的相关关系，深层次挖掘食品企业领导如何进行内部企业社会责任引领，从而实现中国情境下食品企业的可持续发展。结论是企业高层管理者道德行为直接和间接影响下属社会责任的认知，最终引发下属和团队相同特征和行为的出现，研究证实了食品企业的道德领导与企业社会责任行为正相关。因此在全民教育中加强道德教育，尤其对企业家加强道德培训，有利于促进食品企业社会责任行为。

七是食品企业社会责任行为的案例研究。

通过霸王花食品集团公司的案例，分析其企业社会责任行为与过程，了解其公司理念、责任行为以及其对决策行为的意义解释，建立企业社会责任动力来源的中国本土化理论模型。从案例可以看出，企业创始人的理念及过去的经历为企业价值观奠定了基础；在公司治理中，将创始人的个人价值观转化为企业理念，构成企业文化、高层管理者的价值观和理念，并将责任思想融入日常管理，建立一套完整的规章制度并有效地执行，从而促进责任行为的落实。食品企业的责任行为包括企业与员工及合作农户保持忠诚合作，并将成功的企业战略模式复制到其他地区，同时友好对待竞争对手，关心社区、媒体、政府，投身公益慈善等活动。霸王花食品企业案例印证了道德领导可有力促进企业社会责任行为的理论，并显示出责任行为与企业绩效正相关。

八是结论和建议。对本研究内容和结果进行系统总结，并提出相应的政策建议。本研究认为促进食品企业社会责任行为是一个系统工程，需要通过"经济+社会+法律+道德"等多种途径加以解决，切实加强对地方部门的有效监管，通过调整其激励机制，加强责任追索制度，避免其与企业的合谋，重视企业家的责任道德，并重视信誉、文化等软环境。企业内外各种力量的有效联动和配合才是食品企业履行社会责任的长期动力机制。

1.5.2 研究方法

本研究综合运用了理论研究与实证研究相结合、定性分析与定量分析相结合等研究方法。

①文献研究。一方面，不断梳理和跟踪相关研究文献的最新进展，广泛查阅食品安全与企业社会责任理论、企业社会责任缺失理论研究文献；另一方面，通过互联网等平台，收集、跟踪关于食品安全的最新动态与相关事件信息，以保证本研究资料的翔实与及时性。

②问卷调查。通过对消费者、企业员工、企业管理者进行问卷调查，探索重要的利益相关者与企业社会责任行为的关系。

③深度访谈。一方面对食品安全监管部门、专家学者等进行访谈，了解食品安全事件的本质特征；另一方面选择食品企业，对其重要利益相关者展开深度访谈，用文字、语音和图片等方式记录企业访谈过程，积累研究素材，获取食品企业社会责任行为表现及其影响等资料。

④案例研究。通过单案例的重点研究、多案例的比较研究、特定案例的跟踪研究等，获取食品企业社会责任行为的动态资料，充分发挥案例研究对理论的发现与验证作用。

具体的分析路径见图1-2。

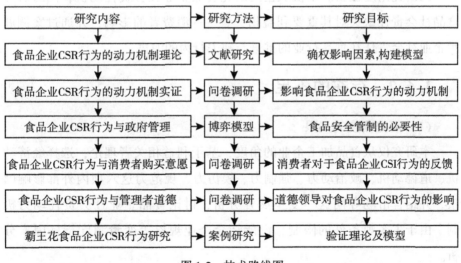

图 1-2 技术路线图

1.6 主要创新及不足

1.6.1 主要研究创新

①研究内容创新。研究从食品安全角度来探讨食品企业社会责任的动力机制，对于社会责任的研究深入具体行业，研究对食品安全负有重要责任的食品企业，结合其食品特点，避免对企业社会责任的泛泛而谈，并从动力机制着手，从内外部分析影响食品企业承担社会责任的因素，以探讨激发企业积极性，为政府实现监管模式由"事后管理"向"事前预防"提供理论依据，寻求实现食品企业与社会双赢的模式。

②研究方法创新。运用博弈论来研究政府对食品企业所产生的外部动力，将理论与食品企业承担社会责任的实践结合，将问卷调查与统计分析相结合，用案例研究来进一步证实理论的价值。

③研究角度创新。不仅从正向研究食品企业社会责任动机，同时研究食品社会责任缺失对其重要利益相关者——消费者的影响，并通过案例展示企业社会责任在食品行业的推进与缺失行为的演进。

1.6.2 存在的不足

(1) 研究角度的局限

本研究仅从食品加工企业的角度，基于利益相关者理论，选择经济动机、道德动机、政治动力、强制力、模仿力、规范力这六项内外部影响因素，并结合市场导向这一变量展开分析，讨论食品企业社会责任动力机制。由于主客观条件的限制，没能结合企业规模等变量测度指标因素分析。

(2) 实证方面的局限

由于本研究有不少实证调研，被调研者是基于主观认知和判断来进行问卷填答，所收集的资料可能会发生某种程度上的偏差或扭曲，并且样本多是在食品专业毕业的校友协助下完成，所选食品行业问卷填写者大多较年轻，从高层视野得到问卷所需的信息较少，这些都是本研究在问卷数据上的局限。后续研究应该尽力创设条件，调动更多的资源，从更大的范围获取有代表性的样本，以提高研究结果的外部效度。

（3）案例资料方面的局限

本研究采用了案例研究，但由于时间精力有限，研究的深入程度有限，研究结论是否对其他企业和行业有参考借鉴价值，有待后续相关研究检验。

2 相关理论基础

基于全书研究内容的需要，本研究以企业社会责任理论、利益相关者理论、外部性理论、社会契约理论、博弈理论、道德领导理论为理论基础，阐述其内涵和外延，分析企业社会责任的内容、现状、存在的问题和原因，并研究企业社会责任的动力机制，探讨其中的驱动力和模型，为下一步研究提供理论基础。

2.1 关于企业社会责任的研究

2.1.1 关于企业是否应承担社会责任

企业社会责任概念最早由美国的谢尔顿（Oliver Sheldon）于1923年在《管理的哲学》一书中提出，他将 CSR 与企业经营者满足产业内外需要的各种责任联系起来，认为 CSR 应包括道德因素，企业经营应关心和增进社区服务和利益，而社区利益作为一项衡量尺度应远高于企业盈利。①

20世纪30年代，贝利（Adolf A. Berle）与多德（E. Merrick Dodd）这两位著名的哈佛大学经济学家就"企业是否应该承担 CSR"开展了持续

---

① Thompson K, Sheldon O. The Philosophy of Management [M]. London: Sin Isaac Pitman and Sons Ltd., 1924.

多年、轰动全球、吸引了大量著名学者的大规模论战。作为传统企业理论的代表，贝利认为企业就是纯粹的营利组织，管理者只需对股东利益的受托人负责。多德则非常反对贝利这一观点，他认为企业应是一种这样的经济机构：有营利和社会服务双功能，企业管理者受托于更为广泛的社会，企业商事活动的担当包括雇员、消费者和公众群体。最终贝利宣告"争论明显地以多德教授的观点获胜而告终"（Berle，1996），① 之后，贝利成为一个忠实的、坚定的"企业应负社会责任"观点的支持者。

美国著名经济学家、诺贝尔经济学奖获得者米尔顿·弗里德曼（Milton Friedman）于1970年9月13日在《纽约时报杂志》（*New York Times Magazine*）上发表的《企业的社会责任就是增加利润》认为，在自由经济中，"企业仅具有一种且只有一种社会责任，那就是在法律和规章制度许可的范围内，利用它的资源，增加它的利润"。②

赞同企业承担多元责任的代表人物有美国的著名学者 Howard Bowen 等。Bowen 在《企业人的社会责任》（*Social Responsibility of the Businessman*）一书中定义 CSR 概念。他强调社会的目标和价值观，认为企业与社会之间存在社会契约，在社会认可下企业才能生存；企业在社会中扮演一个道德代理的角色。企业不仅应为股东赚取合理利润，也应为股东、员工、消费者、社区、政府、商务伙伴等利益相关者承担其应负的社会责任。利润最大化不应是企业的第一位目标，只应是第二位目标。时代在变化发展，社会对企业的期望和要求在变化，企业对社会的依赖也在增加。因此，企业是一种应承担一定社会责任的社会组织。Howard Bowen 因此被称为"企业社会责任之父"，开拓了现代 CSR 研究领域。

卡罗尔和巴克霍尔茨（2004）认为，经过几十年的辩驳，现在只有很

① Berle A. The 20th Century Capitalist Revolution [M] //Saleem Sheikh. Corporate Social Responsibility: Law and Practice. London: Cavendish Publishing Limited, 1996.

② Friedman M. The Social Responsibility of Business Is to Increase Its Profits [J]. New York Times Magazine, 1970 (13): 122-126.

少的企业人士和学者在继续反对企业社会多元责任的观点。① 在创造利润、对股东负责的同时，企业被认为应尽力保护和增进除股东以外的员工、消费者、政府、债权人、社区、环境等其他利益相关者的权益。

2.1.2 企业承担社会责任及其带来的价值

企业履行社会责任从长期看是一种战略投资，可为企业创造一个更为广阔的生存空间（Rugman & Verbeke，1990）。② 环境的不断变化促使人不能从静态和单一角度去看待企业社会责任，应面向实践，强调企业社会责任与竞争优势的联系（Kay，1993）。③ 企业社会责任不能仅仅看作"做好事"的态度，而应作为企业绩效的一种关键的驱动因素（Murray，1997）。④

企业社会责任行为有助于员工激励和留住好的员工，提高企业声誉，通过与利益相关者的对话能更好地进行问题管理，有利于企业的长期收益，对社会负责任的企业能得到更广泛的回报。当社会责任行为能切实产生与企业有关的利益时，特别是对企业主营业务支持时，将有助于企业社会责任（政策、过程）上升到战略高度（Burke & Logsdon，1996）。⑤⑥ 经济全球化挑战下，具有社会责任的企业更能招募到新员工，使其保持对企

① ［美］阿奇·B. 卡罗尔，安·K. 巴克霍尔茨. 企业与社会：伦理与利益相关者管理 ［M］. 黄煜平，朱中彬，徐小娟，等，译. 北京：机械工业出版社，2004.

② Rugman A M, Verbeke A. Global Corporate Strategy and Trade Polity ［M］. London：Routledge，1990.

③ Kay J. Foundations of Corporate Success：How Business Strategies Add Value ［M］. New York：Oxford University Press，1993.

④ Murray K B, Vogel C M. Using a Hierarchy-of-Effects Approach to Gauge the Effectiveness of Corporate Social Responsibility to Generate Good Will Toward the Firm：Financial Versus Non-financial Impacts ［J］. Journal of Business Research，1997，38（2）：141-159.

⑤ Burke L, Logsdon J M. How Corporate Responsibility Pays off ［J］. Long-range Planning，1996，29（4）：495-502.

⑥ Burke L, Logsdon J M. How Corporate Responsibility Pays off ［J］. Long-range Planning，1996，29（4）：495-502.

业的忠诚。菲利普·科特勒（Philip Kotler, 2006）认为，CSR 实践对企业而言有更好的回报；CSR 不应该被视为额外的负担，而应是建立在已有力量基础上的机会。① 他于 2005 年提出"公益型市场营销"（Cause Related Marketing）的慈善行为理论，认为慈善行为、市场营销、公共关系可以有机地结合在一起，成功的公益事业关联型营销活动能够帮助企业吸引新客户、影响利基市场（Niche Market）、增加产品销售额、强化积极的品牌认同。

波特认为，CSR 的积极意义在于可改善企业面临的竞争环境，CSR 的重要性应得到企业高管们的充分认识，因为国际上评级机构已将 CSR 绩效作为评价企业优劣的参考指标之一。他的两个经典战略模型可对此进行解释：一是价值链模型，企业的价值活动被分为两种类型，即基本活动和辅助活动，基本活动有内部后勤、生产经营、外部后勤、市场营销和售后服务；辅助活动指采购、技术开发、人力资源管理和企业基础设施，所有这些价值活动都与 CSR 有关，企业逐一分析每一活动中与 CSR 有关的问题，可自内而外清晰勾勒出价值活动的社会影响。二是钻石模型，此模型认为生产要素、需求条件、相关产业和支持产业的表现、企业的战略及对手表现四大因素决定了产业竞争力；社会环境的变化深刻影响着此四因素，从而改变了企业竞争的外部环境；企业在经营时只有充分考虑社会因素，才能适应变化的外部环境，从而得到竞争优势。②

从上面文献可看出，学者们纷纷认识到 CSR 可为企业带来价值，成功地承担 CSR 可为企业带来竞争优势，企业因此对社会责任行为有了实施的动力。

不过，近年来一些学者研究发现，企业经常会策略性地采用脱耦方式履行社会责任，表现为对外宣传的政策或承诺与内部的做法或惯例相

---

①　［美］菲利普·科特勒，南希·李. 企业社会责任：通过公益事业拓展更多的商业机会 ［M］. 姜文波，译. 北京：机械工业出版社，2006.

②　郭沛源，波特. 企业社会责任的战略模型 ［J］. 中外管理，2007（10）：54-55.

脱节（Wickert et al.，2016），① 表面上承诺采取一些责任行为却并未实际落实（Testa et al.，2018），② 或者报告的社会责任表现与实际绩效脱钩（Tashman et al.，2018），③ 这种现象被称作"责任脱耦"。"说一套，做一套"的伪善、漂绿、伪社会责任都属于企业的责任脱耦行为。企业实际履行的社会责任不等于利益相关者感知的社会责任，而实践中对企业更有意义的应该是利益相关者感知到的社会责任（陈艺妮等，2019）。④

2.1.3　企业社会责任与企业绩效关系

多年来，人们一直希望找到企业社会责任与企业绩效之间的关系。Griffin 和 Mahon（1997）认为，⑤ 最早提出关于企业社会责任与财务绩效的关系问题的是 Bragdon 和 Marlin（1972）。在社会责任与企业价值关系的文献中，一些观点认为，项目成本是影响企业社会责任参与程度的关键因素，由于参与社会责任实践可能会增加成本，企业倾向于在短期内实现利润最大化（Yuen & Lim，2016）⑥ 这也是为什么企业社会责任虽可能产生

① Wickert C, Scherer A G, Spence L J. Walking and Talking Corporate Social Responsibility：Implications of Firm Size and Organizational Cost ［J］. Journal of Management Studies, 2016, 53 （7）：1169-1196.

② Testa F, Boiral O, Iraldo F. Internalization of Environmental Practices and Institutional Complexity：Can Stakeholders Pressures Encourage Greenwashing ［J］. Journal of Business Ethics, 2018, 147 （2）：287-307.

③ Tashman P, Marano V, Kostova T. Walking the Walk or Talking the Talk? Corporate Social Responsibility Decoupling in Emerging Market Multinationals ［J］. Journal of International Business Studies, 2018, 50 （2）：153-171.

④ 陈艺妮，田敏，闫文娟，马军平. 企业社会责任信息沟通的研究综述与展望 ［J］. 管理现代化, 2019, 39 （5）：121-124.

⑤ Griffin J J, Mahon J F. The Corporate Social Performance and Corporate Financial Performance Debate：Twenty-Five Years of Incomparable Research ［J］. Social Science Electronic Publishing, 1997, 36 （1）：5-31.

⑥ Yuen K F, Lim J M . Barriers to the Implementation of Strategic Corporate Social Responsibility in Shipping ［J］. Asian Journal of Shipping & Logistics, 2016, 32 （1）：49-57.

长期利润，但却由于短期成本的需求，成为阻碍企业社会责任实践的一个践行壁垒（Dharmapala & Khanna，2018）。① 部分学者持这样的观点：企业承担社会责任提高了企业价值。Cornell 和 Shapiro（1987）认为，仅关注股东价值，而不能满足其他利益相关者的需求，将产生市场恐惧，并提高企业的风险溢价，最终导致更高的成本或丧失盈利机会，通过满足关键利益相关者（雇员、客户等）的隐性需求，可使企业声誉提高，从而积极影响企业价值。② Freeman（1991）认为，以长远的视角看，重视社会收益符合商业法规要求，企业价值与社会责任之间呈正相关。③

影响企业社会责任行为的政策法规会因行业类型和企业规模而异（Shashi et al.，2019）。④ 经济状况会影响企业雇佣与企业社会责任相关负责人的投入程度。其中，项目成本是影响企业社会责任参与程度的关键因素，由于参与企业社会责任实践可能会增加成本，所以负责人倾向于在短期内实现利润最大化（Yuen & Lim，2016）。⑤ 这也是为什么企业社会责任虽可能产生长期利润，但却由于短期成本的需求，而成为阻碍企业社会责任实践的一个践行壁垒（Dharmapala & Khanna，2016）。⑥

---

① Dharmapala D, Khanna V S. The Impact of Mandated Corporate Social Responsibility：Evidence from India's Companies Act of 2013 [J]. Social Science Electronic Publishing, 2018, 56 (12)：92-104.

② Cornell B, Shapiro A C. Corporate Stakeholders and Corporate Finance [J]. Financial management, 1987：5-14.

③ Freeman R E, Liedtka J. Corporate Social Responsibility：A Critical Approach [J]. Business Horizons, 1991, 34 (4)：92-99.

④ Centobelli P, Cerchione R, Singh R. The Impact of Leanness and Innovativeness on Environmental And Financial Performance：Insights from Indian SMEs [J]. International Journal of Production Economics, 2019, 212 (6)：111-124.

⑤ Yuen K F, Lim J M. Barriers to the Implementation of Strategic Corporate Social Responsibility in Shipping [J]. Asian Journal of Shipping & Logistics, 2016, 32 (1)：49-57.

⑥ Dharmapala D, Khanna V S. The Impact of Mandated Corporate Social Responsibility：Evidence from India's Companies Act of 2013 [J]. Social Science Electronic Publishing, 2018, 56 (12)：92-104.

从 20 世纪 70 年代至今，已有 100 多篇关于企业绩效的实证文章。对 CSR 的评估也由单一指标转向多指标，许多国家有了专门的 CSR 评价体系，如"财富企业名誉调查"、KLD（即被 Kinder、Lydenbeig 和 Domini 开发的社会绩效企业目录）、企业有毒废弃物排放量排行目录、企业伦理投资排行目录、SA8000 等。尽管这些研究使用的社会责任评价标准和样本选择都存在差异，但是总的来看，承认企业社会责任与企业财务绩效二者有正向关系的文章占多数，也就是说，学者们认为在大部分情况下承担社会责任可以促进企业财务绩效的增长。

近年来，我国在企业社会责任领域的学术成果日益丰富。早期研究多侧重于宏观层面的探讨，主要以对国外企业社会责任理念的引介为主；随着研究的深入，学者们逐渐转向微观层面，部分研究还结合具体行业特征，开展了更具针对性的细化研究。学者们比较认同企业社会责任可以提升企业竞争力（吴瑞勤，2009；叶陈云等，2018），[1][2] 企业提升产品责任是履行社会责任的关键（孟斌等，2020）。[3] 结合目前我国社会需求，学者们将企业社会责任研究本土化，认为构建和谐社会应成为企业的历史责任（张向前，2005；李正，2006）。[4][5] 企业社会责任多被界定为企业除了获取利润、创造经济价值，还应该承担与环境、员工、顾客、投资者、公众等众多利益相关者有关的社会责任。本研究也遵从这一企业社会责任的定义。

---

① 吴瑞勤. 民营企业社会责任与竞争力关系研究 [J]. 理论导报，2009（3）：37-45.

② 叶陈云，叶陈毅，张凤元. 基于价值创新驱动的企业社会责任及核心竞争力联动效应与提升路径研究 [J]. 当代经济管理，2018，40（6）：29-36.

③ 孟斌，周灵燕，骆嘉琪. 融合差异相似双重约束的交通运输行业企业社会责任组合评价研究 [J]. 系统工程理论与实践，2020，40（12）：3243-3258.

④ 张向前. 略论和谐社会的企业责任研究 [J]. 现代财经（天津财经学院学报），2005（8）：77-81.

⑤ 李正. 企业社会责任与企业价值的相关性研究——来自沪市上市公司的经验证据 [J]. 中国工业经济，2006（2）：77-83.

我国学者也认同企业承担社会责任会为企业带来经济绩效。冯锋等（2020）经实证分析，发现企业社会责任的提升会显著提高市场性公司绩效指标（如托宾 Q），两者之间呈现线性关系。① 周方召等（2020）的研究显示企业的社会责任策略降低了企业的风险水平，当企业的经营条件恶化，例如金融危机爆发时，社会责任可以降低负面信息对企业的冲击。② 对于企业社会责任的调查研究也不断增多，这有利于向国际研究规范靠拢。

2.1.4　小结

在企业社会责任的研究初期，学者们主要围绕企业是否应承担社会责任展开讨论。经过理论上的深入思辨，普遍认同了企业履行社会责任的必要性，并进一步探讨了企业社会责任与企业绩效、企业竞争力之间的关系。这些研究为本书开展食品企业社会责任的探讨奠定了基础。然而，要更有效地指导我国企业的具体实践，仍需开展更具针对性的细化研究，以不断提升我国企业社会责任研究的质量与实用价值。

2.2　利益相关者理论

利益相关者理论是企业社会责任的理论基础，也是人们强调企业应当承担社会责任的重要理论依据。它源于经济学的契约理论、产权理论以及社会学的社会交换理论，受到当代经济社会学的关注，是社会学和管理学的一个交叉领域，主要研究社会各相关群体与企业的关系。

---

① 冯锋，张燕南．企业社会责任与公司绩效关系再讨论——基于上市公司企业社会责任评级数据的实证分析 [J]．吉林大学社会科学学报，2020，60（6）：154-166，235．

② 周方召，金远培，贺志芳．企业社会责任对公司绩效和风险的影响效应——来自中国 A 股上市公司的证据 [J]．技术经济，2020（8）：119-129．

2.2.1 利益相关者理论及其发展

利益相关者理论产生之前，"股东至上理论"（Shareholder Primacy Theory）一直占据企业所有权问题的主导位置。该理论认为，股东是企业的所有者，企业财产是由他们所投入的各种资本形成的，股东承担了企业的剩余风险，应该享有企业的剩余控制权和剩余索取权（Hart & Moore，1990）。①

利益相关者理论形成于西方国家的 20 世纪 60 年代，1963 年，美国斯坦福研究院的一份研究报告对"利益相关者"进行了界定。在这份报告中，利益相关者被定义为没有他们的支持企业组织就不会存在的群体（Freeman，2010）。② 利益相关者理论对"股东至上"传统理论进行了否定和修正，反映了市场经济的现实要求和发展方向。1977 年，利益相关者理论已被西方学术界和企业界重视，沃顿学院（Wharton School）开始有了"利益相关者管理"课程，随后许多学者加入相关研究，完善和发展了利益相关者理论。

约瑟夫·W. 韦斯（2003）认为，利益相关者是指那些引发问题、机遇、威胁并对此做出积极反应的个人、企业、组织和国家。③ 由于网络信息技术及全球化、疫情等众多外部环境变化的加快，不确定性大增，包括股东在内的所有企业利益相关者都对企业的生存与发展注入了一定的专用性投资，同时也分担着企业的经营风险，因而都应拥有企业的经营管理权。

利益相关者理论在我国最早用于企业管理与公司治理领域，指与企业生产经营过程具有财产分割、利益分配等一系列直接或者间接利害关系的

① Hart O, Moore J. Property Rights and the Nature of the Firm [J]. Journal of political economy, 1990, 98 (6)：1119-1158.

② Freeman R E. Strategic Management：A Stakeholder Approach [M]. Cambridge：Cambridge University Press, 2010.

③ [美] 约瑟夫·W. 韦斯. 商业伦理：利益相关者分析与问题管理方法 [M]. 符彩霞，译. 北京：中国人民大学出版社, 2005.

群体或个人（辛勤，2021）。① 利益相关者理论认为不仅仅是股东，包括员工、客户和供应商等在内的所有利益相关者都应该参与公司的治理，因为企业与其利益相关者一旦不和谐，就会威胁到企业的生存与发展（李维安、王世权，2007）。②

2.2.2 利益相关者理论与企业社会责任

利益相关者理论的代表性人物弗里曼于 1984 年出版了《战略管理利益相关者方法》一书，从战略管理的高度将利益相关者理论引入实践层面，西方学术界和企业界在企业社会责任问题上的争论终于有了一个公共的平台。③ 弗里曼认为，利益相关者是指影响企业战略目标的实现或能够被企业实施战略目标的过程影响的个人或团体。因此，企业不仅要为股东回报资金，还应给员工提供良好的工作环境和福利待遇，并对供应商、分销商、消费者、社区环境和当地政府负责。企业并非在真空里生活，而是时刻与社会的各个组成部分打交道，企业的社会责任是全方位的（Donaldson & Preston，1995）（见图 2-1）。④

弗里曼将影响企业目标达成的个体和群体以及受企业目标达成过程中所采取行动影响的个体和群体都看作利益相关者，并正式将当地社区、政府部门、环境保护主义者等实体纳入利益相关者管理的研究范畴，大大扩展了利益相关者的内涵，同时，他还从所有权（Ownership）、经济依赖性（Economic Dependence）和社会利益（Social Interest）三个不同的角度对利

① 辛勤. 利益相关者理论视角下单位争端的化解之道 ［J］. 领导科学，2021（2）：91-93.

② 李维安，王世权. 利益相关者治理理论研究脉络及其进展探析 ［J］. 外国经济与管理，2007（4）：10-16.

③ ［美］弗里曼. 战略管理——利益相关者方法 ［M］. 王彦华，梁豪，译. 上海：上海译文出版社，2006.

④ Donaldson T，Preston L E. The Stakeholder Theory of the Corporation：Concepts，Evidence，and Implications ［J］. Academy of Management Review，1995，20（1）：65-91.

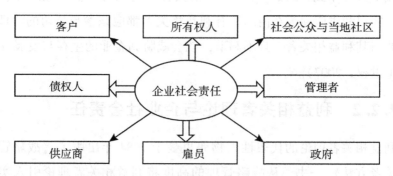

图 2-1　基于利益相关者视角的企业社会责任

资料来源：Donaldson T，Preston L E. The Stakeholder Theory of the Corporation：Concepts，Evidence，and Implications［J］. Academy of Management Review，1995，20（1）：65-91.

益相关者进行分类，这一研究方法为利益相关者理论的发展作出了开创性的贡献。弗里曼的观点受到许多经济学家的赞同，基于以上理论逻辑，利益相关者理论的企业社会责任观是企业对界定清晰的利益相关者负有社会责任。企业的发展前景有赖于管理层对公众不断变化的期望满足程度，企业对于社会负有包括经济责任、法律责任、道德责任和慈善责任在内的多项社会责任。

企业社会责任和利益相关者理论两者的全面结合趋势出现在 20 世纪90 年代，先后出现了若干篇讨论两者结合问题的重要文献，如 Carrol（1991）、Brenner 和 Cochran（1991）、Clarkson（1991、1995）、Donaldson 和 Preston（1995）、Harrison 和 Freeman（1999）以及 Ruf（2001）等。Wood 和 Jones（1995）认为利益相关者理论是评估企业社会责任最密切相关的理论框架。①

① Wood D J，Jones R E. Stakeholder Mismatching：A Theoretical Problem in Empirical Research on Corporate Social Performance［J］. International Journal of Organizational Analysis，1995，7（3）：229-267.

1991 年，匹茨堡大学的 Wood（1991）在其著名的《再论企业社会表现》一文里指出，相关利益者不仅根据自身的利益，而且基于其对企业社会责任原则的理解与可接受度及与企业社会表现的关系来对企业社会表现做出相应评价。①

我国学者齐丽云等（2021）认为利益相关者中政府角色非常重要，他们认为在中国的社会发展背景下和"企业—社会—政府"的关系中，政府作为重要的外部利益相关者和企业社会责任政策的制定者，其作用不容忽视。② 因此，政府在推动企业社会责任时，要注意企业社会责任的实质性，让企业从内心深处认同企业社会责任，基于一种内在理性遵守企业社会责任政策。

王清刚和李琼（2015）基于利益相关者理论和企业生命周期理论从横向和纵向分析了不同阶段各利益相关者企业社会责任价值创造机理。③ 王能等（2018）基于利益相关者理论、信息理论和资源基础理论，研究发现企业履行社会责任具有显著的经济效应，并且这种经济效应不存在地区和行业差异。④ 姜雨峰、田虹（2015）将企业社会责任划分为社区责任和环境责任，分析其对企业声誉的作用机制，引入道德滑坡和利益相关者压力作为调节变量，对企业社会责任履行机理进行系统性论证，认为利益相关者需求正向推动 CSR 战略；道德动机和道德滑坡正向调节利益相关者需求与企业社会责任战略关系。⑤

① Wood D J. Corporate Social Performance Revisited [J]. Academy of Management Review, 1991, 16 (4)：691-718.

② 齐丽云，汪瀛，吕正纲. 基于组织意义建构和制度理论的企业社会责任演进研究 [J]. 管理评论，2021，33 (1)：215-228，241.

③ 王清刚，李琼. 企业社会责任价值创造机理与实证检验——基于供应链视角 [J]. 宏观经济研究，2015 (1)：116-127.

④ 王能，李万明，郭文顿. 经济新常态背景下企业社会责任履行的经济效应 [J]. 经济问题，2018 (3)：66-117.

⑤ 姜雨峰，田虹. 利益相关者需求有助于企业开展社会责任战略吗？——一项三维交互研究 [J]. 财经论丛，2015 (4)：81-88.

不同类型的企业社会责任对不同行业组织的经济效益存在不同的影响（Feng, Wang & Kreuze, 2017）。① 外部企业社会责任实践可以提高市场份额，而内部企业社会责任实践则可以提高企业的运营盈利能力（Yoon & Chung, 2018）。与利益相关者建立牢固关系的设施可以减轻企业的业务风险。同时，参与企业社会责任可以帮助组织以较低的成本获得对人力资源、社会资源和资本的评估，从而显著降低失败风险，提高组织效益（Udayasankar, 2008）。②

通常高项目成本会阻碍企业社会责任的实施（Aupperle et al., 1985），③ 甚至可能会引发企业利益相关者之间的利益冲突（Barnett, 2007）④。然而，企业社会责任参与程度的提升有助于提高管理效率，也有利于改善企业与利益相关者之间的关系（Yoon & Chung, 2018）。⑤

本研究以利益相关者理论为基础来分析食品企业 CSR 问题。由于来自企业外部的政府、供应商、所在社区，以及企业内部的管理者与员工的道德水平与行为倾向都会对企业的 CSR 行为产生重要影响，因此，通过对食品企业各类利益相关者的系统分析，有助于揭示其社会责任问题的根源，并进一步探讨其履行社会责任的动力机制。

---

① Feng M, Wang X, Kreuze J G. Corporate Social Responsibility and Firm Financial Performance: Comparison Analyses across Industries and CSR Categories [J]. American Journal of Business, 2017, 32 (3-4): 106-133.

② Udayasankar K. Corporate Social Responsibility and Firm Size [J]. Journal of Business Ethics, 2008, 83 (2): 167-175.

③ Aupperle K E, Carroll A B, Hatfield J D. An Empirical Examination of The Relationship between Corporate Social Responsibility and Profitability [J]. Academy of Management Journal, 1985, 28 (2): 446-463.

④ Barnett M L. Stakeholder Influence Capacity and the Variability of Financial Returns to Corporate Social Responsibility [J]. Academy of Management Review, 2007, 32 (3): 794-816.

⑤ Yoon B, Chung Y. The Effects of Corporate Social Responsibility on Firm Performance: A Stakeholder Approach [J]. Journal of Hospitality and Tourism Management, 2018, 37: 89-96.

2.3 企业社会责任的动力机制研究

企业承担社会责任理论的正当性已经得到国内外广泛的认可，学者研究的焦点转向企业社会责任的实现机制，本节分别就动力机制和企业社会责任动力机制文献作一回顾。

2.3.1 动力机制研究

有关动力机制问题是近年来学者给予关注的新话题，研究成果散见于管理学、经济学、社会学、心理学、系统科学等诸多学科，国外学者经常用 Dynalnics、Dynamism、Dynamic Mechanism 等词来表述动力机制。动力机制揭示发展动力与经济发展的内在联系，可从多个视角、多个层面进行，因而关于动力机制的研究具有十分重要的意义（王建廷，2007）。[①]

目前国内外对动力机制的研究主要集中于引起事物产生和推动事物发展的要素、原因、机理，以及在事物产生、发展中各种要素起作用的方式等。动力机制研究与管理学、经济学的关系非常密切。

(1) 外部社会与动力机制

管理系统是一个由管理思想、概念、程序、方法、制度等构成的非物质形态的人工系统，它对系统内部的有形资源进行计划、组织、领导、控制，并把管理要素与环境紧密联系，从而推动组织有序运行（刘建一，1995）。[②] 管理系统动力机制是生成组织力量的管理机制，是管理制度内在的，对人的积极性进行引导、激发和强化，对人的行为进行约束和控制，从而将组织成员的工作动力整合、凝聚在一起的管理机制。韦伯提出具有普适性的命题：在任何一项事业背后必然存在着一种无形的支撑精神力量

---

① 王建廷. 区域经济发展动力与动力机制 [M]. 上海：上海人民出版社，2007.
② 刘建一. 企业管理系统功能分析和载体设计的理论研究 [J]. 价值工程，1995
(6)：20-24.

的社会文化渊源，责任感是资本主义文化的根本基础，企业行为在很大程度上决定未来社会文明的延续与发展（马克斯·韦伯，2002）。①

经济机制设计理论是由经济学家、美国科学院院士利奥·赫维兹（Leo Hurwicz）在20世纪70年代创立的。机制设计理论研究的问题是：对于任意给定的一个社会目标或经济目标，在自由选择、自愿交换、分散化决策的条件下，能否设计和怎样设计一个经济机制（即制定什么样的方式、法则、政策法令、资源配置等规则），使得经济活动参与者的个人利益与设计者的既定目标一致。经济机制设计的着眼点一是信息成本问题，二是机制的激励问题。由于信息不对称问题客观存在，不同经济机制下运行的信息成本不同，因此在设计机制时要寻求较小的信息成本，使决策分散，即给予掌握私人信息的个体（或组织）以决策权。分散决策降低了机制的运行成本，同时也带来了目标分散或冲突的问题，接下来须解决激励问题，即所设计的机制要使参与者在追求自身目标的同时，客观上恰好达到设计者所预期的目标（田国强，1995）。②

乔治·斯蒂纳等（2002）认为，企业和社会之间存在着一种被称为社会合约的基本协定，这个合约反映了企业与政府的各种关系，部分以立法和法律形式表现出来，并基本支配了企业行为的习惯和价值观，这种合约通常比较复杂，含糊不清。③ "认识到企业组织是由社会产生，并且要得到社会的接受是很重要的。" 企业为了获得成功，企业管理者必须像对待经济环境那样理解、正确反应并预计非经济环境的要求，认清并处理这些非经济力量越来越耗费企业管理者的精力。为了成功实现目标，企业必须对经济和非经济环境作出及时恰当的反应，特别关注那些最重要的力量，这些力量将影响到某种企业在一定的社会中是否可以接受，也会影响到企业

---

① ［德］马克斯·韦伯. 新教伦理与资本主义精神 ［M］. 彭强，黄晓京，译. 西安：陕西师范大学出版社，2002.

② 田国强. 中国乡镇企业的产权结构及其改革 ［J］. 经济研究，1995（3）：36-39.

③ ［美］乔治·斯蒂纳，约翰·斯蒂纳. 企业、政府与社会 ［M］. 张志强，王春香，译. 北京：华夏出版社，2002.

及其管理者的社会和道德标准。乔治·斯蒂纳将企业面临的环境归纳为六种：政治、文化、政府、经济、自然和技术。

（2）企业内部动力机制

企业动力机制主要是激励机制和分配机制。我国学者周扬明较早直接提出企业动力的概念，他在《企业动力与活力研究》一书中，从现代系统论的观点出发，认为企业动力是内在动力和外在动力构成，所谓内在动力，即把经济主体自身的行为作为动力源，包括物质、精神和智力三大动力，并以人的行为假设来分析内在动力源；其外在动力即把外部环境（自然环境、社会环境）力量当作对经济行为主体产生力的源泉，主要是市场竞争动力。企业动力的层次分明，结构严密，构成了一个多层次的有机整体。①

现代企业制度中所包含的激励约束机制应从企业自身及外部环境两个角度来考察。从企业本身来看，它包括企业治理结构、资本结构和组织结构三个方面。其中，治理结构是三者中最重要的，只有理顺了治理结构，使国有企业的剩余索取权与控制权有一个高效率的安排，达到所有者、经营者、生产者目标的合一，才能进一步考虑企业资本结构、组织结构问题，并激励企业经营者自动选择适合于本企业的资本结构和组织结构。从企业外部环境来看，主要包括进一步理顺各级行政机关与企业的关系及建立企业家市场等（李敏、郭峻，1998）。②

国内学者在管理机制方面进行了有益的探索。著名经济学家吴敬琏在《制度重于技术》一书中强调，不仅技术重要，制度更重要。孙绍荣、朱佳生认为管理机制是管理系统运行的机理，管理者就是使被管理者向着一定的状态发展或运动，管理者通过了解被管理者存在的自发追求，制定工作目标，诱使被管理者遵照管理者的旨意行事以实现目标——这是"需求机制原理"。孙绍荣提出了"结"的概念，用以表征业绩与报酬的关系，

---

① 周扬明，高会宗. 企业动力与活力研究 [M]. 北京：地质出版社，1998.

② 李敏，郭峻. 重构国有企业动力机制 [J]. 武汉冶金管理干部学院学报，1998（Z1）：6-10.

并研究了"结"的各种表现形式（孙绍荣、朱佳生，1995），① 但是孙绍荣后来的研究偏离了机制管理的初衷，走向了行为控制的轨道，主张从项目、资源、报酬等方面对人的行为进行控制（孙绍荣、齐丽萍，2004）。② 何峰松、樊喻静（2001）认为企业的运行是否正确、运行速度的快慢，主要由企业动力机制决定。企业动力机制系统是由利益动力机制和精神动力机制两部分组成，二者相互制约、相互促进，形成一个协调的合力结构，推动企业向前发展。③ 李学栋等（1999）界定了管理机制的概念、特征、类别和管理机制设计步骤。④ 李培林（1992）把企业活力分成生存适应能力、达到目标能力、自我整合能力和企业可持续发展能力。⑤

孙中一（2001）在《企业战略运行机制：机制论》一书中，较系统地界定了机制的概念、原理和企业运行中的各种机制。⑥ 郝英奇（2010）认为，动力机制是围绕实现组织目标的需要，由权力、责任、利益三个要素构成，将要素在组织成员之间进行配置，并以制度规范的形式固定下来，各种要素中利益是动力的初始来源，是员工最本质的追求，责任是动力的附着点，追求利益的动力附着在责任上，通过履行责任而实现组织目标；权力是履行责任的必要保障。⑦

从上文可以看出，国内外学者意识到了从内外部机制层面研究管理问题的重要性，但是目前对于动力机制的研究成果，研究内容零散而不系统，研究方法偏重于定性，研究结果偏重于理论而缺乏可操作性，作者没

---

① 孙绍荣，朱佳生. 管理机制设计理论 [J]. 系统工程理论与实践，1995（5）：50-55.

② 孙绍荣，齐丽萍. 行为控制机制与行为管理制度的数学模型新进展 [J]. 上海理工大学学报，2004（1）：47-52.

③ 何峰松，樊喻静. 试论建立健全企业动力机制 [J]. 理论探索，2001（3）：52-53.

④ 李学栋，何海燕，李习彬. 管理机制的概念及设计理论研究 [J]. 工业工程，1999（12）：31-39.

⑤ 李培林. 转型中的中国企业国有企业组织创新论 [M]. 济南：山东人民出版社，1992.

⑥ 孙中一. 企业战略运行机制：机制论 [M]. 天津：天津人民出版社，2001.

⑦ 郝英奇. 组织管理的动力机制 [M]. 北京：经济科学出版社，2010.

有连续深入地研究，没有针对具体行业展开，相互之间缺乏继承和借鉴。

2.3.2 企业社会责任动力机制研究

(1) 企业社会责任履行的动力

企业是一个多层面系统，并在一定的社会环境中发展和运作。企业参与社会责任实践决策的制定受到多方面因素的影响，按企业所处的微观、中观和宏观环境三个层面可将其分为自身因素、市场因素和环境因素。这些因素综合作用于企业，使企业不仅致力于核心业务经营，还关注其对社会产生的作用和影响，并对其行为负责，以获取企业经营运作的社会许可证（White，1999）。[1]

影响企业社会责任履行的动力是什么？学术界有三种基本的研究思路：一是利益相关者驱动型，企业社会责任是对外部利益相关者特定要求的回应。二是绩效驱动型，强调外部期望与企业的具体社会责任行为之间的关系，重点关注这些行为的有效性，从而判定哪些行为是企业产生良好绩效所必需的。对以上两种研究思路来说，最主要的问题是，"企业应该是什么，或者应该做什么，才能被视为优秀的企业公民"。三是动机驱动型，研究企业承担社会责任的外在和内在动机。

Husted 和 Allen（2006）从制度方面展开分析，认为制度压力（Institutional Pressure）是推动企业是否认真履行企业社会责任的重要因素。[2] 他分析影响企业社会责任的制度压力来自政府法规的强制力、公司政策与组织结构的影响力、组织内部的习惯做法三个方面。这一理论为我们深刻认识企业惰性地履行社会责任背后的动机提供了一个实用的视角，制度理论（Institutional Theory）认为企业行为受制于包括社会标准、规范和认知在内的社会结构，或社会制度的共同影响，并且这些影响是权威和指导

---

① White A. Sustainability and the Accountable Corporation：Society's Rising Expectations of Business [J]. Environment, 1999, 41 (8)：30-43.

② Husted B W. Risk Management, Real options, and Corporate Social Responsibility [J]. Journal of Business Ethics, 2006, 60 (2)：175-183.

性的，企业会遵从这些社会制度的要求来开展活动。

Jennings 和 Zandbergen（1995）将制度理论应用到解释企业承担社会责任的行动中，认为社会制度在企业内部形成"具有社会责任、可持续发展"的共识过程中发挥了非常重要的作用。通过进一步分析，可以看到前者对企业是否履行社会责任表现出三种不同的压力：强制性（Coercive）压力、模仿性（Mimetic）压力和规范性（Normative）压力。制度压力理论认为，制度压力的内涵或来源可以细分为外部制度环境和内部制度安排两个基本方面，如表 2-1 所示，将外部制度环境分为政府、法规、非政府组织和舆论工具；内部制度分为公司治理结构、组织管理结构与企业文化。

表 2-1　　　　　　　企业社会责任驱动力的制度压力来源

企业外部制度推动力	企业内部制度推动力
政府政策与法规制度	公司治理结构
媒体监督机制	组织管理结构
非政府组织	企业文化

田虹等（2014）基于利益相关者理论、制度理论、伦理领导和企业战略等多种理论和视角探讨企业社会责任履行形成机制的理论模型，认为经济方面主要通过利益相关者压力分析，制度方面通过制度压力分析，利益相关者压力和制度压力属于外部压力；道德方面从伦理压力进行分析，然而伦理压力最直接的体现是高管的伦理领导，高管伦理领导也是企业社会责任研究非常重要的前置变量，反映了管理者社会责任态度，属于道德动机因素。①

非政府组织是企业社会责任运动中一支不可忽视的力量，它对于企业社会责任的发展起到了特殊的推动作用。世界银行将以援贫济困、维护穷

---

① 田虹，姜雨峰. 企业社会责任履行的动力机制研究 ［J］. 审计与经济研究，2014，29（6）：65-74.

人利益、保护环境、提供基本社会服务或促进社区发展为目的的任何民间组织统称为非政府组织。非政府组织通过组织倡议、运动、标准、服务等对企业社会责任产生推动力，此外，非政府组织还直接影响着企业社会责任标准的制定与执行，非政府组织对企业社会责任标准的发展，与近年来在国际法和国内法上都颇受关注的新现象"软法"（Soft Law）密切相关。在企业社会责任领域，由非政府组织制定的各种软法性标准和守则已成为其主要的规范渊源之一。目前影响最大的非政府组织标准之一"SA8000"就是由非政府组织"社会责任国际"联合其他组织于1997年共同制定的。尽管非政府组织制定的标准和守则不具有严格法律约束力，通常不能由国际、国内司法机构或其他机构强制执行，但它作为企业社会责任外部监督者，也具备某种程度的实施和监督机制以保证其有效性。

在内部制度推动力方面，完善的公司治理结构和组织管理结构对企业社会责任具有重要的推动力。国际经济合作暨发展组织（OECD）1999年提出了公司治理原则，即加强董事会的监督与公司策略性规划责任；公平对待所有大小股东；保障股东基本权利与决策参与权；确保公司信息能及时且正确完整地揭露；鼓励公司与利害关系人在维持企业财务健全方面积极合作。

Kohli和Jaworski（1990）最早提出了市场导向的企业行为观概念。[1]他们认为，市场导向主要是由一系列的活动组成，其中包括：市场信息的收集、部门之间信息的交流、扩散以及组织对信息做出的反应；因此，本质上市场导向是一种信息管理的过程，是组织通过学习提高竞争力的关键途径。Narver和Slater（1990）则将市场导向定义为一种组织文化，这是一个企业或组织在一定社会经济条件下，在自身的发展过程中形成的以价值为核心的独特的管理模式。[2] 这种文化能最有效地引发为消费者创造卓越价值的行为，从而保证企业的经营活动取得良好绩效。企业文化是企业

---

① Kohli A, Jaworski B J. Market Orientation：The Construct，Research Propositions，and Managerial Implications［J］. Journal of Marketing，1990，54（2）：1-18.

② Narver J，Slater S. The Effect of a Market Orientation on Business Profitability［J］. Journal of Marketing，1990，54（4）：20-35.

社会责任价值观形成的推动力。市场导向的实施反映了企业在消费者导向、竞争者导向和部门间协作三方面相关活动中的参与程度，企业的市场导向可以很好地体现企业在推动企业社会责任上的导向。

　　企业参与社会责任实践决策的制定受到多方面因素的影响。Etzioni（1988）认为企业决策不是仅由利润最大化动机驱动，促进人类和谐和推动社会持续发展是所有社会责任活动的根本目标，企业社会责任的行为主体是企业，企业的营利性和资源的有限性使 CSR 活动成为一项多目标任务，要求企业在履行社会责任时同时关注来自不同层次不同角度的多种要求，做出对企业自身和人类社会均有利的复杂性决策。①

　　Milstein 等（2001）从驱动力来源的角度对企业承担社会责任进行了分类（见表 2-2）。② 他认为："强制性驱动力一般在形成适宜性的初期阶段发挥主导作用，其次是规范性驱动力，而模仿性驱动力是在某种适宜性已经形成和得到较普遍的传播后才接替前两种驱动力而成为主导作用力的。"

表 2-2　　　　　　　　企业社会责任驱动力的来源和概念化

	驱动力源	相应的利益相关者/社会参与者	概念化
外部	管制要求	政府、其他权威机构	强制性驱动力
	公众期望	媒体、环境保护专业人员	规范性驱动力
	同行行为	同行或竞争者	模仿性驱动力
内部	领导意愿	管理高层、决策者	战略导向驱动力
	雇员反应	组织成员整体	学习能力驱动力
	组织惯性	人格化的机构规则和习惯	经验传统驱动力

资料来源：单忠东. 中国企业社会责任调查报告 ［M］. 北京：经济科学出版社，2007.

---

① Etzioni A. The Moral Dimension ［A］. New York：Free Press，1988.

② Mark M，Hart S L，York A S. Coercion Breeds Variation：The Differential Impact of Isomorphic Pressures on Environmental Strategies ［M］// Hoffman A，Ventresea M. Organizations，Pilicy，and the Natural Environment：Institutional and Strategic Perspectives. Stanford，California：Stanford University Press，2001.

我国学者苏蕊芯（2010）从企业传播视角来研究上市公司履行社会责任的动机，认为上市公司中绝大多数公司社会责任受到价值驱动，只有少数公司受到财务绩效或者利益相关者驱动；目前上市公司社会责任实践的三种主要形式依次是从事公益捐赠、遵守道德准则，以及支持各种慈善事业，而志愿服务和质量管理则相对欠缺。①

（2）企业社会责任行为的实现机制

对于推动企业社会责任实践动因的作用机制，Tim Kitchin（2003）认为，只有当企业社会责任与企业的核心目标结合在一起，成功转化为内在的商业运作过程，企业社会责任才会得以实现。②

企业履行积极的社会责任有三种动机类型：第一种是完全自我利益保护或发展的自利性驱动力；第二种是自我利益与社会期待相融合的自利与他利统一的驱动力；第三种完全出于对社会价值认同的纯粹利他性驱动力。这三种动机也可归纳为战略性（功利型）的社会责任和与社会共享（德性型）的社会责任。前者是企业为提升其形象和品牌、增强核心竞争力，尤其在企业公共关系的危机管理中，通过提高产品、服务等标准或各种捐赠等赢得社会的赞誉；后者是企业完全出于社会责任感而与社会价值相容，主动承担超出法定责任以外的一些社会责任，是自觉的社会价值追求（王淑芹，2008；薛天山，2016）。③④

卡罗尔等（2004）提出企业社会责任、企业经济绩效和企业声誉三者之间的关系的三种观点（见图 2-2）。观点 1 确信对社会负责任的企业其盈利能力是最强的，这种观点在三种观点中占主导地位，大量的研究表明这种关系的确存在，但是存在着不是方法有缺陷，就是不能使人信服的问

① 苏蕊芯，仲伟周. 基于企业传播视角的我国上市公司社会责任实证研究 [J]. 当代经济科学，2010，9：63-72.

② Kitchin T. Corporate Social Responsibility：A Brand Explanation [J]. Journal of Brand Management，2003，312：15.

③ 王淑芹. 全面理解企业的社会责任 [J]. 学习月刊，2008，17：30-31.

④ 薛天山. 企业社会责任的动力机制研究——经济驱动抑或制度推进 [J]. 软科学，2016，30（8）：88-91.

题。观点2将社会责任看作对大家都公平的"天气",只有在企业经济绩效比较良好时,企业社会责任的表现才会突出。观点3认为企业社会责任、经济绩效和企业声誉之间是相互影响的。

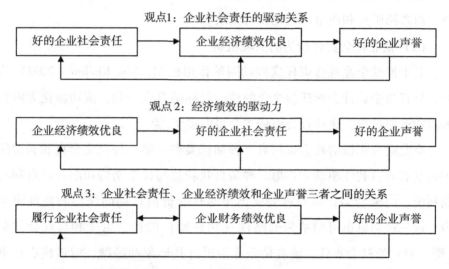

图 2-2　企业社会责任、企业经济绩效和企业声誉三者之间的关系

资料来源:[美]阿奇·B.卡罗尔,安·K.巴克霍尔茨.企业与社会:伦理与利益相关者管理[M].北京:机械工业出版社,2004.

Simon Zadek(2004)认为,企业在不同阶段履行社会责任的驱动因素不相同,对于那些受外部压力驱动的企业,企业社会责任仿佛是一支"大棒",企业被大棒驱赶,不得不履行社会责任;而对于那些由内生动力驱动的企业,企业社会责任就如同"胡萝卜",企业尝到胡萝卜的甜头之后,就会自觉履行社会责任,获取更多的收益,但社会责任战略在企业中的实施效果会因驱动力的不同而迥异(见表2-3)。①

谢玉华等(2020)认为,目前一些企业视 CSR 为公关手段或声誉管理策略,注重关注同外部利益相关者有关的 CSR,但却忽视注重内部员工的

---

① Zadek S. The Path to Corporate Responsibility [J]. Harvard Business Review, 2004, 82 (12).

发展和福利建设。① 此类不一致的 CSR 战略或许能够在短期内为企业带来收益，但长期以来"好邻居""坏雇主"的企业形象会有损企业与员工间的关系，降低员工的工作意义感，不利于企业的长远发展。而且，通过与上下游厂商广泛而和谐的合作，可改善内部的管理和运营效率。因此，企业积极履践社会责任有助于企业从内部和外部提高经济效益，也是企业经营管理实践中的理性选择。

表 2-3　　　五阶段理论中的"大棒"企业和"胡萝卜"企业

五阶段	防御阶段	服从阶段	管理阶段	战略阶段	公民化阶段
驱动类型	"大棒"企业			"胡萝卜"企业	
驱动力	为其行为辩护，以免损害企业形象及影响短期内的销、招聘、生产效率及品牌	出于对名誉风险、法律风险的顾虑，以免有损企业在未来一定时期内的竞争优势	避免有损企业在未来一定时期内的竞争优势，试图以社会责任改善企业的长期回报	旨在提升长期的企业竞争优势，试图以社会责任战略和创新取得先发优势	提升长期的企业竞争优势，通过同行联合协作实现多方共赢

资料来源：Zadek S. The Path to Corporate Responsibility [J]. Harvard Business Review, 2004, 82 (12).

利益相关者代表了不同社会利益集团的利益，为利益相关者服务意味着企业承担了相应的社会责任。因此，从研究企业社会绩效与经济绩效的关系方面可揭示利益相关者管理与企业绩效的关系（陈立勇、曾德明，2002）。② 通过激励利益相关者共同参与企业治理，形成一种监督制衡机制，这不但能够有效地保护利益相关者的利益，而且对于企业治理目标实

---

① 谢玉华，刘晶晶，谢华青. 内外部企业社会责任对员工工作意义感的影响机制和差异效应研究 [J]. 管理学报，2020，17 (9)：1336-1346.

② 陈立勇，曾德明. 企业的利益相关者、绩效与社会责任 [J]. 湖南社会科学，2002 (6)：67-70.

现、对于企业社会责任的强化也是行之有效的途径（韩军，2004）。① 这些研究对于我们认识在市场经济条件下企业应承担哪些社会责任以及政府和企业之间在承担社会责任方面的分工具有启示意义。

目前国内企业很少能够将企业社会责任与企业的核心目标结合在一起，这是企业社会责任行为缺乏动力的主要原因，承担企业社会责任意味着即时提高经营成本，而这些投入转变为实质性回报需要企业足够的耐性（鞠芳辉等，2005）。② 田虹（2006）从宏观、中观和微观三个层面归纳了企业社会责任的影响因素，这一框架层次清晰，涉及的影响因素也比较全面，能让人了解企业社会责任影响因素的整体印象。但这种框架涉及的因素过多，主要构思比较笼统，没有提炼出关键性的因素，很难让人把握究竟是什么在影响企业社会责任，也不利于实证研究和提出针对性措施。

2006 年 8 月 17 日，由德国技术合作企业（GTZ）主办的"中国企业社会责任活动速写"第六届中国社会标准及企业社会责任圆桌会议在北京举行。在这次会议中，中国关注到 CSR 有其内生动力，认为 CSR 是各国共同而又有区别的责任。

蔡宁、李建升、李巍（2008）认为，只有建立完善的机制，才能为我国 CSR 的实现提供必要的条件。③ 辛杰（2008）通过实证调研山东省 2200 家企业，认为中国企业履行社会责任有 6 个驱动因子，它们分别是：客户与环境利好因子、员工、文化与形象因子、管理创新与竞争力因子、和谐经济与国际社会因子、外部利益相关者因子和风险规避因子。④

针对企业社会责任行为的动机，2007 年，中国企业家调查系统对中国

① 韩军. 论企业利益相关者激励机制的构建 [J]. 山东纺织经济，2004（2）：18-21.

② 鞠芳辉，谢子远，宝贡敏. 企业社会责任的实现——基于消费者选择的分析 [J]. 中国工业经济，2005（9）：91-98.

③ 蔡宁，李建升，李巍. 实现企业社会责任：机制构建及其作用分析 [J]. 浙江大学学报（人文社会科学版），2008（4）：128-135.

④ 辛杰. 企业社会责任驱动因素研究——以山东省 2200 家企业调查为例 [J]. 预测，2008（6）：6-11.

4000 多家企业进行了调查,《经济学家》亦于 2007 年 9 月对 1200 多位全球企业家进行了调查,两者的差异性比较明显（见表 2-4）。中国的企业家认为企业较好履行社会责任的动因是品牌形象、社会贡献和政府认可，而与企业经营更加密切相关的动因，如竞争优势、利润、风险则被排在后面。这一方面表明中国企业家对社会责任的理解过于狭隘（等同于公益慈善等社会贡献），另一方面也表明中国企业家是被动地看待社会责任，即关注公众和政府对自己的看法，这事实上也是外部压力驱动的一种体现。全球企业家则认为企业制定可持续发展战略的首要目的是增加收入，其次才是增强企业形象和遵守法律法规。其余的一些目的，如股东价值、成本、风险、客户、产品差异化等都和企业经营管理有直接关联。可见，在国际上，大型企业看待社会责任总体的角度已逐步转化为一种商业视角，而非纯粹的社会视角。相应地，这些企业的社会责任战略也变得更积极主动，因为战略的实施可以带来更多的收入。

表 2-4　　　　　**中外企业家对履行社会责任的动机调查**

调查对象	中国企业家调查系统（2007）	《经济学家》（2007）
	4586 位中国企业家	1200 位全球企业家
1	提升企业品牌形象	增加收入
2	为社会发展作贡献	增强企业形象
3	获得政府认可	遵守法律法规
4	建立持续竞争优势	为投资者和股东创造价值
5	树立企业家个人形象	降低成本
6	实现企业家个人价值追求	管理风险
7	更好地创造利润	吸引顾客
8	减低法律风险	产品差异化
9	更好地为消费者创造价值	
10	应对来自社会舆论的压力	

资料来源：中国企业社会责任报告 2007［M］. 北京：中国社会出版社，2009.

通过分析个体理性与集体理性的冲突与平衡，崔海潮、赵勇（2008）认为 CSR 行为的动因在于企业受到习俗、惯例等非正式制度及由此演化为以标准、法律等形式的正式制度的约束，并通过激励机制传递，使个体与集体利益趋于一致，这样，使企业在实现自身利益的同时，将自发考虑非股东利益的内生行为。①

从经济学、社会学、政府经济学和公共关系学等不同视角，罗重谱（2008）认为 CSR 是基于企业外部性行为而必须由企业承担的除经济责任、法律责任之外的第三种责任。② CSR 行为的动力来源于内部希望获取长期利润和外部社会"生态"环境、公众"货币投票"及政府干预的压力。

刘晓琴（2009）对驱动企业承担社会责任的外部和内部各因素进行了分析，强调由外生向内生的制度结构演进③。田志龙、贺远琼（2005）等首次提出外资企业、民营企业、国有企业这些性质不同的企业其 CSR 行为动力也不同，且有较大差别，企业的最大利益相关者是政府，也是合法性最高的组织。④

从上文可以看出，学者们对于 CSR 动力因素从企业内部经济动力和外部利益相关者压力两方面已做了相应研究，认为对企业是否履行社会责任从外部表现出三种不同的压力：强制性、模仿性和规范性压力。高管伦理领导也是 CSR 研究非常重要的前置变量，反映了管理者社会责任态度，属于道德动机因素；企业的市场导向可以很好地体现企业在推动 CSR 上的导向。

2.3.3 企业社会责任动力模型

企业承担社会责任，需要多方面力量的驱动。Mewilliams 和 Siegel

---

① 崔海潮，赵勇．理性、激励机制与企业社会责任构建［J］．求索，2008（1）：60-63.

② 罗重谱．企业社会责任及其动力机制构建［J］．商业时代，2008（19）：17-23.

③ 刘晓琴．实现企业社会责任的动力机制构建分析［J］．理论导刊，2009（7）：80-81.

④ 田志龙，贺远琼，高海涛．中国企业非市场策略与行为研究——对海尔、中国宝洁、新希望的案例研究［J］．中国工业经济，2005（9）：82-90.

（2001）提出了一个 CSR 供需模型，用此模型可进行 CSR 成本收益的分析，并认为，企业的社会责任水平受对社会责任的供需状况的影响。①

　　Schwartz 和 Carroll 于 2003 年对 Carroll（1991）年的金字塔模型进行了修正和补充，认为 CSR 的动因可以归结为经济、制度、道德三方面，分别以三个圆表示，由三个圆相交产生了七个区域：纯经济、纯制度、纯道德、经济/制度、经济/道德、道德/制度、经济/道德/制度，他认为理想状态是同时满足经济/道德/制度三方面的动因，处于中间位置，它可同时满足社会多方面的要求（见图 2-3）。② Schwartz 和 Carroll 认为，CSR 最根本的内在动因是经济动因，企业不可抗拒的因素是制度动因，企业承担多元社会责任，是一种互利行为，符合社会发展要求，可使企业长远发展的道德动因紧密围绕着经济动因，该模型对 CSR 的划分较为全面。

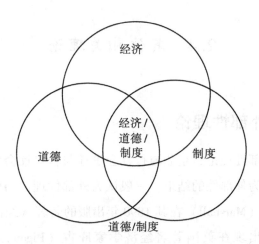

图 2-3　企业社会责任的三动因

　　资料来源：Mark S. Schwartz. Corporate Social Responsibility：A Three-Domain Approach [J]. Business Ethics Quarterly, 2003, 10：503-530.

---

　　①　Mewilliams A, Siegel D. Corporate Social Responsibility, A Theory of the Firm Perspective [J]. Academy of Management Review, 2001, 26（1）：117-127.

　　②　Schwartz M S, Carroll A B. Transnational Corporate Social Responsibility：A Three Domain Approach to International CSR Research [J]. Business Ethics Quarterly, 2003（13）：1-22.

朱宏杰和陆雄文（2004）在中国不成熟市场环境中建立了一个包括四个因子，即顾客导向、基于部门协同的市场情报渗透、企业管理文化、企业战略导向的市场导向量表，研究认为：市场导向越强，企业越有可能拥有一批忠诚的顾客，企业的利润率越高。①

我国学者谢佩洪、周祖城（2009）为探索 CSR 对消费者购买意向产生影响的内在机理，构建了一个包含 CSR 行为、良好公司声誉、消费者企业认同和消费者购买意向在内的概念模型。研究结果显示：CSR 行为直接正向影响消费者购买意向，良好的公司声誉和消费者对公司的认同感间接的正向影响消费者的购买意向产生，且间接作用要远大于直接作用；因此，在 CSR 行为对消费者购买意向影响中，公司声誉和消费者的企业认同是调节变量。②

2.4　其他相关理论

2.4.1　外部性理论

根据经济外部性理论，企业履行社会责任与否对社会各个方面的福利影响都是企业行为外部性的结果。一般认为外部性理论的概念是英国近代经济学家马歇尔（Marshall）在其 1890 年出版的名著《经济学原理》中首次提出，③ 而后出现在英国著名经济学家庇古（Pigou）1920 年出版的《福利经济学》中，④ 在马歇尔的一般经济理论基础上创立的福利经济学理论体系里得到进一步的发展而得以形成。庇古将外部性分为"外部经

---

① 朱宏杰，陆雄文. 中国不成熟市场的市场导向实证研究［J］. 经济管理，2004（24）：86-92.

② 谢佩洪，周祖城. 中国背景下 CSR 与消费者购买意向关系的实证研究［J］. 南开管理评论，2009，12：64-70.

③ ［英］马歇尔. 经济学原理［M］. 朱志泰，译. 北京：商务印书馆，1997.

④ ［英］庇古. 福利经济学［M］. 金镝，译. 北京：华夏出版社，2007.

济"和"外部不经济"。外部经济指因厂商的经济行为而增加了社会效益，而外部不经济则是指由于厂商扩的经济行为而增加了社会的成本。

20世纪60年代以科斯为代表的制度经济学派对外部性理论进行了补充，他们认为外部效应不是一方侵害另一方的单向问题，而具有相互作用性；如果产权界定明确，交易费用为零，双方可通过自愿协商来解决外部性问题，实现社会资源配置的最佳化；当交易费用不为零，要解决外部效应的内部化问题往往需要权衡比较各种政策手段的成本-收益来确定。① 企业作为理性经济人，具有天然的向社会输出"负外部性"的动机；另一方面由于市场经济体制不完善以及政府和社会的外部监管不严格的外部原因，企业在推动中国经济发展的同时，也的确有可能向社会输出大量的负外部性，造成巨大的社会福利损失。因此，企业必须承担其本应承担的社会责任，停止向外部社会转嫁成本，减少甚至消除负外部性的输出，提高社会福利水平。

美国的米尔顿·弗里德曼（Milton Friedman）于1970年9月在《企业的社会责任就是增加利润》一文中认为，在私有制自由经济中，公司组织所承担的社会责任仅仅只有一个，即在从事公开的、自由的和无欺诈的竞争游戏规则下，使用自己的资源从事旨在实现公司股东利益的行为，尽管没有直接涉及外部性问题，但"无欺诈"的限定强调了其公平性，而"消除负外部性"同样也是强调了其公平性。② 黎友焕、龚成威（2008）认为企业社会责任可界定为在某特定社会发展时期，企业对其利益相关者应该承担的经济、法规、伦理、自愿性慈善以及其他相关的责任，企业社会责任要求企业维护其利益相关者的合理权益，企业不履行社会责任带来的后果会影响到社会各个群体，社会福利的减少的后果最终会由政府来承担和

---

① [英] 科斯.社会成本问题 [A].盛洪，陈郁，校译.财产权利与制度变迁 [C].上海：上海三联书店，1994.

② Friedman M. The Social Responsibility of Business Is to Increase Its Profits [J]. New York Times Magazine, 1970 (13): 122-126.

解决。① 企业不履行社会责任至少会对政府造成两方面的负经济效应：（1）增加政府开支；（2）损害国家形象。黎友焕、龚成威（2008）提出：企业履行社会责任已经不是被迫的无奈行为，也不仅仅是为满足制度与监管的要求，它将成为企业培养差异化竞争优势的平台，会帮助企业顺利进入新兴市场并最终支持企业实现长期、可持续的增长。②

本研究以外部性理论为基础来分析食品企业 CSR 问题，因为食品企业在生产经营过程中难免产生外部性，其是否履行 CSR 会影响外部性所产生的经济效应。因此，希望通过对食品企业是否履行社会责任和外部性的影响情况进行对比分析，从外部性的角度分析食品企业履行社会责任问题的产生根源，进而对其履行社会责任的动力机制进行探讨。

2.4.2　社会契约理论

企业在社会制度中其权利和义务是固有的，要遵守社会建立的指导准则，一般来说这些权利和义务是企业与社会间存在的契约，因此，可以从社会契约理论的视角对企业履行 CSR 进行分析。

传统的社会契约理论认为，契约中有企业和社会两个主体，企业应对为它生存而提供条件的社会承担责任；与之对应的，社会也应对企业的发展承担责任。这两个主体难免存在利益冲突，可通过协调的方式解决这种冲突。1986 年大卫高希尔发表了《基于协议的道德》，该文以经济理性重新定义了契约关系，认为契约关系是道德和利益的一种假设协议。托马斯·唐纳森（Thomas Donaldson）和托马斯·邓斐（Thomas Dunfee）于 1994 年提出了综合社会契约理论，认为企业的经营活动离不开社会提供的各种资源，如果企业能按契约要求履行好相应的 CSR，企业就可获长远的发展。刘长喜（2005）结合社会契约理论和利益相关者

① 黎友焕，龚成威. 基于外部性的企业社会责任福利分析 [J]. 西安电子科技大学学报（社会科学版），2008，18（6）：80-85.

② 黎友焕，龚成威. 环境规制下的国外企业社会责任运动及启示 [J]. 世界环境，2008（3）：26-30.

理论对社会责任的边界问题进行了分析。① 李淑英（2007）认为企业的每个经济环节都会产生一定的契约，社会关系会对契约的缔结产生影响。② 李嘉宁等（2007）基于不完全契约认为 CSR 的履行状况是一个动态均衡的过程。③

以上研究认为：企业履行 CSR 就是履行社会契约，包括隐性和显性两种契约，最基本的契约关系是显性契约，而隐性契约则是指企业和社会之间各种心照不宣的复杂协议，显然这方面的内容与企业伦理道德存在着很大的关系。

本研究结合企业社会契约理论的演进，认为社会各方的合作程度与企业社会责任的履行状况关系密切，只有合作程度高，企业才能降低生产经营成本，提高经济效益，因此将通过构建食品企业与社会契约关系的动态模型，来分析食品企业履行社会责任的动力机制。

2.4.3　博弈论

对于行为互动经济现象的理解，博弈论提供了有力的理论工具；博弈论又称对策论，是应用数学的一个分支，主要研究既理性又自私的参与者之间的相互作用。

博弈论的研究起源于 18 世纪，自 1951 年 Nash 提出纳什均衡的概念以来，博弈论获得蓬勃发展，广泛应用于经济学、心理学等领域。最近，博弈论开始与信息经济学、社会关系学、管理学以及心理学等学科相融合，研究经济当事人行为相互作用时的决策以及决策均衡问题，并强调经济当事人之间决策的相互依赖性（张维迎，2004）。④ 部分学者用博弈论的方法来分析和研究企业社会责任和政府监管，构建企业与政府监管部门的博

① 刘长喜．利益相关者、社会契约与企业社会责任［D］．复旦大学，2005.

② 李淑英．社会契约论视野中的企业社会责任［J］．中国人民大学学报，2007，21（2）：51-57.

③ 李嘉宁，胡改蓉．企业社会责任：基于不完全契约与动态平衡理论的思考［J］．江西师范大学学报（哲学社会科学版），2007，40（6）：42-46.

④ 张维迎．博弈论与信息经济学［M］．上海：上海三联书店，2004.

弈模型（刘先涛、豆旺，2014）；① 在政府与企业的两方博弈策略研究方面，于涛和刘长玉（2014）、曹裕等（2017）分析了政府惩罚力度、监管成本等因素对企业生产合格产品的影响；②③ 从政府监管方面，覃朝晖、彭华超和高鑫（2016）用博弈论的方法，对企业的盈余管理行为及方式和政府监管之间的关系进行分析，在分析基础上进一步利用无限次重复博弈的方法，发现企业出于长期发展的考虑，以履行社会责任和诚实披露信息是最优的选择；④ 从政府政策导向方面，刘长玉、于涛（2015）建立了政府与企业间的博弈模型，研究认为发挥社会公众的质询和监督权可有效约束政企合谋行为。⑤ 在政府战略选择上，新常态下政府和企业面临两难选择，张风帆、纪明（2020）运用演化博弈的方法，分析政府与企业之间的互动演化过程，探求我国发展新兴战略产业的演化路径。⑥

食品安全问题涉及食品生产企业、监管部门、政府等多方主体的利益关系，各方通常会基于他方的行为选择自身的应对策略，形成一系列动态博弈，以实现效用最大化。因此，第四章将从博弈论视角，分析食品企业是否履行社会责任及政府监管之间的相互作用机制。

2.4.4 道德领导理论

道德是指规定行为是非的规则，企业管理者制定的许多决策对企业影

① 刘先涛，豆旺. 企业社会责任与政府监管进化博弈模型研究［J］. 技术经济与管理研究，2014（8）：3-6.

② 于涛，刘长玉. 政府与生产企业间产品质量问题博弈分析［J］. 山东大学学报（哲学社会科学版），2014（2）：63-69.

③ 曹裕，李青松，李业梅. 技术贸易壁垒对食品企业技术选择决策影响的博弈研究［J］. 中国管理科学，2017，25（8）：184-196.

④ 覃朝晖，高鑫，彭华超. 基于外部监督视角下环境会计信息披露博弈研究［J］. 价值工程，2017，36（3）：36-38.

⑤ 刘长玉，于涛. 绿色产品质量监管的三方博弈关系研究［J］. 中国人口·资源与环境，2015，25（10）：170-176.

⑥ 张风帆，纪明. 我国发展新兴战略产业中的政府与企业行为策略——基于演化博弈论的视角［J］. 社会科学，2020（2）：41-53.

响深远，企业社会责任行为与管理者的道德决策密不可分。"道德"的存在形式有多种，有社会公德、职业道德、家庭伦理道德等（刘绍明，2002）。①

近年来，西方学者研究逐渐关注企业的道德领导作用机制，认为高层管理者的伦理承诺和价值观对企业社会责任表现有显著影响（Hemingway & Maclagan，2004），② 领导者的道德行为直接和间接影响着下属工作满意度和组织承诺（Neubert et al.，2009），③ 且通过影响下属工作自主性间接影响下属的工作绩效（Piccolo & Green-baum，2010），④ 并以领导-下属交换关系（LMX）、自我效能以及组织认同度为中介影响下属的工作行为（Walumbwa & Mayer，2011）。⑤ 很多研究关注道德领导和 CSR 对各种态度和行为的直接影响结果。

国内关于道德领导的研究还处于起步阶段，认为领导的价值观根植于其所在社会的文化传统与现阶段的政治经济状况，当领导行为贴近传统文化，并与下属所信奉的价值观和心中的领导期望相吻合，就会获得下属的认同与接受，并对其态度与行为产生影响（芦青等，2011）。⑥ 道德领导

① 刘绍明. 领导者道德建设论［M］. 北京：中共党史出版社，2002.

② Hemingway C A，Maclagan P W. Managers' Personal Values as Drivers of Corporate Social Responsibility［J］. Journal of Business Ethics，2004，50（1）：33-44.

③ Neubert M，Carlson D S，Kacmar K M，et al. The Virtuous Influence of Ethical Leadership Behaviour：Evidence from the Field［J］. Journal of Business Ethics，2009，90（2）：157-170.

④ Piccolo R F，Greenbaum R，Den Hartog D N，et al. The Relation-ship between Ethical Leadership and Core Job Characteristics［J］. Journal of Organizational Behavior，2010，31：259-278.

⑤ Walumbwa F O，Mayer D M，Wang P，et al. Linking Ethical Leadership to Employee Performance：The Roles of Leadership-member Exchange，Self-efficacy，and Organization Identification［J］. Organizational Behavior and Human Decision Process，2011，115（2）：204-213.

⑥ 芦青，宋继文，夏长虹. 道德领导的影响过程分析：一个社会交换的视角［J］. 管理学报，2011，8（12）：1802-1812.

是领导者以人为本，以道德伦理为核心，与被领导者达成一种心理契约，它可凝聚群体，同心协力实现领导目标（李国祥、胡国栋，2011）。[1] 高层管理者在企业生产经营中起主导作用（张胜荣，2016），[2] 对下属工作态度及行为影响明显（韩亮亮、张彩悦，2015）。[3]

道德领导力通常被视为对社会负责的企业行为（Brown et al.，2006），[4] 相关研究重点关注道德领导力如何在组织中发挥作用并影响组织行为（Hemingway & Maclagan，2004），[5] 即在个人和人际环境中表现出规范的适当行为，推动组织的各个层面发展（Snell，2000）。[6] 在给定的制度背景下，管理价值观和对企业社会责任的态度可能对企业社会责任结果产生重大影响（Kim & Thapa，2018；Roeck & Farooq，2018）。[7][8] 高度参与社会责任的领导常具有较高的道德领导水平（De Hoogh & Hartog，2008）。[9] 道德领导者会以符合所有人利益的方式平衡利益相关者的需求，

① 李国祥，胡国栋. 道德领导的时代诉求及其内涵透视 [J]. 理论探讨，2011（4）：152-156.

② 张胜荣. 管理者特征对农业企业社会责任行为的影响——来自5个省份的数据 [J]. 经济经纬，2016，33（4）：121-126.

③ 韩亮亮，张彩悦. 道德领导力对下属工作态度及行为的影响——基于公平感知的中介作用 [J]. 软科学，2015，29（6）：86-89，125.

④ Brown M E，Treviño L K. Ethical Leadership：A Review and Future Directions [J]. Leadership Quarterly，2006，17（6）：595-616.

⑤ Hemingway C A，Maclagan P W. Managers' Personal Values as Drivers of Corporate Social Responsibility [J]. Journal of Business Ethics，2004，50（1）：33-44.

⑥ Snell R S. Studying Moral Ethos Using an Adapted Kohlbergian Model [J]. Organization Studies，2000，21（1）：267-295.

⑦ Kim M S，Thapa B. Relationship of Ethical Leadership，Corporate Social Responsibility and Organizational Performance [J]. Sustainability，2018，10（2）：1-16.

⑧ Roeck K D，Farooq O. Corporate Social Responsibility and Ethical Leadership：Investigating their Interactive Effect on Employees' Socially Responsible Behaviors [J]. Journal of Business Ethics，2018，151：923-939.

⑨ De Hoogh A H B，Hartog D N D. Ethical and Despotic Leadership，Relationships with Leader's Social Responsibility，Top Management Team Effectiveness and Subordinates' Optimism：A Uulti-method Study [J]. Leadership Quarterly，2008，19（3）：297-311.

因此被视为企业社会责任的拥护者（Christensen et al.，2014）。① 道德领导更关心员工、公司和社会，而不只是自身利益（Brown & Treviño，2006）。而不道德的领导者优先考虑自己的利益，往往忽视企业社会责任的需要（Aslan & Sendogdu，2012）。②

社会交换理论是解释领导方式与下属态度和行为联系的重要理论基础（王震等，2012），是在交换理论的基础上发展起来的，它从经济学的角度交换理论强调人们评估交换的潜在成本和收益以获得最佳收益。③ 不同于经济交流中期望得到有形的回报，在社会交流中，人们更愿意用自己的专长或努力换取无形的回报，比如地位和尊重（Hall，2003）。④ 在我国，企业组织内往往分为"自己人团体"和"外部人团体"，这是一种强调差序式领导理论，它对于建构"中国人自己的领导观"非常重要（刘文彬等，2020）。⑤ 道德领导影响企业社会责任，对组织公民行为产生积极影响（Butt et al.，2016）。⑥ 当员工相信组织将以他们的最大利益行事，并实际看到组织从事尊重其利益相关者的行为时，他们将更有可能承担风险并超

---

① Christensen L J，Mackey A，Whetten D. Taking Responsibility for Corporate Social Responsibility：The Role of Leaders in Creating，Implementing，Sustaining，or Avoiding Socially Responsible Firm Behaviors［J］. Academy of Management Executive，2014，28（2）：164-178.

② Aslan Ş，Şendoğdu A. The Mediating Role of Corporate Social Responsibility in Ethical Leader's Effect on Corporate Ethical Values and Behavior［J］. Procedia Social & Behavioral Sciences，2012，58：693-702.

③ 王震，孙健敏，张瑞娟. 管理者核心自我评价对下属组织公民行为的影响：道德式领导和集体主义导向的作用［J］. 心理学报，2012，44（9）：1231-1243.

④ Hall H. Borrowed Theory［J］. Library & Information Science Research，2003，25（3）：287-306.

⑤ 刘文彬，唐超，唐杰. 差序式领导对员工反生产行为的影响机制——基于多理论视角的探索性研究［J］. 运筹与管理，2020，29（11）：223-231.

⑥ Butt A，Ayaz M. Impact of Ethical Leadership on Organizational Performance and Mediating Role of Corporate Social Responsibility：Evidence from Banking Sector of Pakistan［J］. Social Science Electronic Publishing，2016，5（6）：1-13.

越本职。道德领导在促进员工社会责任行为的同时（Roeck & Farooq，2018），① 还致力于从伦理角度解决社会福利、员工幸福感、消费者满意度、组织文化和自身价值观等（Cacioppe et al.，2008）。② 因而，企业在道德领导影响下有望在其负责任的商业实践基础上获得更多的、更积极的品牌形象（Wang et al.，2015），③ 特别是通过提高企业竞争力为其带来附加值（Saeidi et al.，2015）。④

领导者的道德属性与其战略选择和决策的有效性密切相关（Choi et al.，2015）。⑤ 基于个性、价值观和经验的领导者战略会显著影响组织效益（Walumbwa et al.，2011）。⑥ 领导者是员工道德方向的重要来源（Kalshoven et al.，2011）。⑦ 在提供安全环境、卫生设施、平等机会和促

① Roeck K D, Farooq O. Corporate Social Responsibility and Ethical Leadership：Investigating their Interactive Effect on Employees' Socially Responsible Behaviors [J]. Journal of Business Ethics, 2018, 151：923-939.

② Cacioppe R, Forster N, Fox M . A Survey of Managers' Perceptions of Corporate Ethics and Social Responsibility and Actions that may Affect Companies' Success [J]. Journal of Business Ethics, 2008, 82（3）：681-700.

③ Wang H M, Chen P H, Yu H K, et al. The Effects of Corporate Social Responsibility on Brand Equity and Firm Performance [J]. Journal of Business Research, 2015, 68（11）：2232-2236.

④ Saeidi S P, Sofian S, Saeidi P, et al. How does Corporate Social Responsibility Contribute to Firm Financial Performance? The Mediating Role of Competitive Advantage, Reputation, and Customer Satisfaction [J]. Journal of Business Research, 2015, 68（2）：341-350.

⑤ Choi S B, Ullah S M E, Kwak W J . Ethical Leadership and Followers' Attitudes Toward Corporate Social Responsibility：The Role of Perceived Ethical Work Climate [J]. Social Behavior and Personality：an International Journal, 2015, 43（3）：353-365.

⑥ Walumbwa F O, Mayer D M, Wang P, et al. Linking Ethical Leadership to Employee Performance：The Roles of Leader-Member Exchange, Self-Efficacy, and Organizational Identification [J]. Organizational Behavior & Human Decision Processes, 2011, 115（2）：204-213.

⑦ Kalshoven K, Hartog D D, Hoogh A D. Ethical Leader Behavior and Big Five Factors of Personality [J]. Journal of Business Ethics, 2011, 100（2）：349-366.

进员工参与方面的社会责任（Rettab et al., 2009），① 能够提高企业的生产力（Frank & Obloj, 2014），② 即领导者和员工之间的牢固关系对企业有利，通过提升承诺、敬业度和动机可以最大限度地提高企业的整体效益（Eisenbeiss et al., 2015）。③ 也就是说，道德领导者影响着员工的行为，进而影响企业的效益，道德可持续性领导下的员工甚至可能产生节约成本的方法，以实现双赢（Roeck & Farooq, 2018）。④ 组织价值观也将引导组织高生产率的产生（Somers, 2001）。⑤

缺乏企业社会责任参与不仅会影响企业的效益，而且可能严重损害企业的未来效益（Nguyen et al., 2015）。⑥ 对此，关于领导-成员的成长机理，需要扩大高素质的企业家阶层以及吸引更多具有企业家素质的人尽快加入该行列，重视管理者的现代知识培训，因地制宜地提高组织成员"公平感"和"满意感"，塑造尊重企业家创新精神的社会舆论氛围，褒扬和激励企业家"自觉努力"的敬业精神（陈忠卫，2000）。⑦

① Rettab B, Brik A, Mellahi K. A Study of Management Perceptions of the Impact of Corporate Social Responsibility on Organisational Performance in Emerging Economies: The Case of Dubai [J]. Journal of Business Ethics, 2009, 89（3）: 371-390.

② Frank D H, Obloj T. Firm-Specific Human Capital, Organizational Incentives, and Agency Costs: Evidence from Retail Banking [J]. Strategic Management Journal, 2014, 35（9）: 1279-1301.

③ Eisenbeiss S A, Knippenberg D V, Fahrbach C M. Doing Well by Doing Good? Analyzing the Relationship Between CEO Ethical Leadership and Firm Performance [J]. Journal of Business Ethics, 2015, 128（3）: 635-651.

④ Roeck K D, Farooq O. Corporate Social Responsibility and Ethical Leadership: Investigating Their Interactive Effect on Employees' Socially Responsible Behaviors [J]. Journal of Business Ethics, 2018, 151: 923-939.

⑤ Somers M J. Ethical Codes of Conduct and Organizational Context: A Study of the Relationship Between Codes of Conduct, Employee Behavior and Organizational Values [J]. Journal of Business Ethics, 2001, 30（2）: 185-195.

⑥ Nguyen P, Nguyen A. The Effect of Corporate Social Responsibility on Firm Risk [J]. Social Responsibility Journal, 2015, 11（2）: 324-339.

⑦ 陈忠卫. 经营者激励理论与企业家成长机理 [J]. 河北经贸大学学报, 2000（4）: 57-61.

食品企业号称"良心企业"，其社会责任行为与道德领导紧密相连。本研究将在第六章探究管理者道德领导对食品企业内部的引领作用。

2.5 本章小结

本章回顾和梳理了关于企业社会责任理论、外部性理论、博弈理论、利益相关者理论、契约理论、道德领导理论研究的脉络，以理解其对食品企业社会责任的影响。正如 Norrisa 与 Dwyer（2004）认为，对 CSR 的研究无论是理论还是实证，目前多认可了 CSR 的价值，但从企业自身的角度对企业社会责任问题进行系统研究的文献较少。① 现实中，企业社会目标的实现必须通过企业自身的决策来实现，研究 CSR 应努力去理解 CSR 的策略与驱动过程，而到底是哪些因素驱动企业承担 CSR 尚不清晰，对企业社会责任内外部驱动因素的研究还存在着较大的不足。

基于以上研究结论，下一章将从系统论的视角，结合经济、制度和道德等多种因素，来构建我国食品企业社会责任的动力机制，并结合实证研究来剖析该机制在企业社会责任实现过程中的功能与作用。

---

① Norrisa G, Dwyer B. Motivating Socially Responsive Decision Making: The Operation of Management Controls in a Socially Responsive Organization [J]. The British Accounting Review, 2004, 36 (2): 173-196.

3 食品企业社会责任行为的
动力机制实证研究^①

本研究在第 2 章文献综述的基础上，对影响食品企业社会责任行为的动力要素作探讨和界定，提出食品企业社会责任动力机制研究框架和研究假设，之后通过问卷调研、数据分析，对研究假设进行检验，得出相应研究结果。

3.1 食品企业责任动力机制研究回顾

20 世纪 90 年代以来，美国、加拿大、英国等发达国家的学者已对食品企业承担基于食品安全的责任动机进行了卓有成效的研究，他们一般将其分为内部动机和外部动机，内部动机主要是与降低生产成本和增加企业利润相关，而外部动机则与交易成本相关联（Holleran et al. , 1999）。^②

不同国家的食品企业承担安全责任动机有较大差异。英国食品企业的食品安全的主要动机在恢复消费者信任的"危机管理"，加拿大和澳大利

---

① 第 3 章部分内容已修改发表：Institutional Forces Affecting Corporate Social Responsibility Behavior of the Chinese Food Industry [J]. Business & Society, 2017, 56 (5)：705-737.

② Holleran E, Bredahl M E, Zaibet L. Private Incentives For Adopting Food Safetyand Quality Assurance [J]. Food Policy, 1999, 24 (6)：669-683.

亚的食品企业食品安全的动力在于维持和扩大出口市场（Hobbs et al. 2002）；① 发展中国家的食品企业食品安全动力在于提高其在国内和国际市场竞争力的策略（Gomez et al.，2002）。② 不同类型企业对于提高食品安全的动机也不相同，大型企业加强食品安全管理主要由降低生产成本、提高企业效率等内部因素驱动，小型企业则主要是受管制法规和政策要求，或者满足客户要求等外力驱动（Seddon et al.，1993）。③

根据 Schwartz 和 Carroll（2003）的研究，企业承担社会责任的动机可以归结为三个方面：经济动机、制度动机和道德动机。④ 我国学者认为 CSR 行为首先在于内生因素，外部因素通过引起内生因素变化而间接影响 CSR 行为。

制度理论是"考虑了结构规则、规范和惯例成为社会行为的权威指导方针的过程"（Scott，2004），⑤ 因此，组织选择"受到各种外部压力的限制"和制度环境的约束（Oliver，1991）。⑥ 组织生存在制度环境里，它必须得到社会的承认，为大家所接受（周雪光，2003）。⑦ 正如第二章动力机制文献所述，制度压力是推动企业认真履行或不认真履行 CSR 的重要因素（Husted & Allen，2006）。⑧

① Hobbs J E, Fearne A, Spriggs J. Incentive Structures for Food Safety and Quality Assurance：an International Comparison［J］. Food Control，2002，13（2）：77-81.

② Gómez M I, Cabal M P, Torres J A. Private Initiatives on Food Safety：The Case of the Colombian Poultry Industry［J］. Food Control，2002，13（2）：83-86.

③ Seddon J, Davis R, Loughran M, et al. Implementation and Value Added：A Survey of Registered Companies［M］. Vanguard Consulting Ltd，Buckingham，1993.

④ Schwartzm M S, Carroll A B. Transnational Corporate Social Responsibility：A Three Domain Approach to International CSR Research［J］. Business Ethics Quarterly，2003（13）：1-22.

⑤ Scott W R. Institutional theory［M］//Ritzer G. Encyclopedia of Social Theory. Thousand Oaks，CA：Sage Publications，2004：408-414.

⑥ Oliver C. Strategic Responses to Institutional Processes［J］. Academy of Management Review，1991，16（1）：145-179.

⑦ 周雪光. 组织社会学十讲［M］. 北京：社会科学文献出版社，2003.

⑧ Husted B W. Risk Management, Real Options, and Corporate Social Responsibility［J］. Journal of Business Ethics，2006，60（2）：175-183.

对于企业是否采取食品安全行动，白丽等（2011）认为其决策主要受到市场激励和强制性控制两大类因素的影响，其中市场激励是影响企业食品安全行动的重要激励之一，强制性控制则从另外一个角度表明了企业食品安全行动的动机。① 当期望收益高于期望成本时，企业将采取积极的食品安全行为；当期望收益低于期望成本时，在存在强制性控制的情况下，规制部门的执行效率就有决定性影响，如果服从强制性控制的成本低于由规制部门的执行效率所决定的惩罚成本，企业将采取服从性的食品安全行为，否则不会采取食品安全行为。可以通过媒体宣传和政府奖惩等方式来引导企业，从而培养食品企业的食品安全责任意识和道德意识，增强食品企业对由于质量安全问题而引起的声誉下降等无形成本及其破坏性的认知，同时增强食品企业对企业形象的提高、客户满意度的增加等无形收益的重要性的认知（见图3-1）。

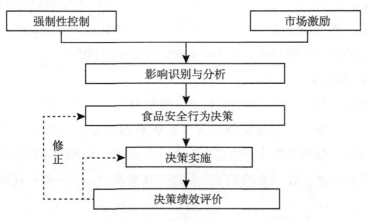

图 3-1　食品生产企业食品安全行为的决策流程

资料来源：白丽，唐海亨，汤晋. 食品企业食品安全行为决策机理研究 ［J］. 消费经济，2011，27（4）：73-76.

---

① 白丽，唐海亨，汤晋. 食品企业食品安全行为决策机理研究 ［J］. 消费经济，2011，27（4）：73-76.

3.2　相关研究及假设提出

结合国内外学者的研究，本研究从食品企业内外部角度来分析影响社会责任行为的动力要素，并结合企业市场导向来研究哪些要素影响企业社会责任行为。

3.2.1　企业外部责任动力机制

制度理论认为组织行为不仅由利益驱动，还由先前接受制度化的价值观或实践驱动。鉴于制度环境的潜在影响，我们认为制度理论可以潜在地帮助解释和预测组织行为，包括企业社会责任行为。在制度理论中，企业行为所感受到的外部压力，按形式可分为强制性、模仿性和规范性压力（DiMaggio & Powell，1983；林家宝等，2019）。[1][2] 本研究借鉴制度理论中对于企业外部制度环境压力的分析方法，对 CSR 行为受到的外部压力进行解释，本研究中的制度压力是指企业自身感知的制度压力。

（1）强制力

DiMaggio 和 Powell（1983）认为，强制力"……源于政治影响和合法性问题，……源于组织所依赖的其他组织对组织施加的正式和非正式压力，以及组织运作所在社会的文化期望"。[3] 通常，组织变革的压力是为了响应政府的立法，在 CSR 背景下，强制力还涉及"……外部的规则、规范

---

① DiMaggio P J，Powell W W. The Iron Cage Revisited：Institutional Isomorphism and Collective Rationality in Organizational Fields［J］. American Sociological Review，1983，48（2）：147-160.

② 林家宝，罗志梅，李婷. 企业农产品电子商务采纳的影响机制研究——基于制度理论的视角［J］. 农业技术经济，2019（9）：129-142.

③ DiMaggio P J，Powell W W. The Iron Cage Revisited：Institutional Isomorphism and Collective Rationality in Organizational Fields［J］. American Sociological Review，1983，48（2）：147-160.

或法律，为新的管理实践赋予合法性"（Matten & Moon，2008）。① 它们包括作为可能的行为驱动因素的规范、标准或 CSR 评价指数。随着组织结构开始反映国家制度化的规则，组织"在给定领域内越来越同质化，并越来越多地围绕符合更广泛制度的仪式组织起来"（DiMaggio & Powell，1983）。我国学者也认为强制力是企业外部具有强制或威慑力的组织机构以制度方式迫使企业采用组织机构所设定的行为或方法，以提高企业竞争力而制定的制度规范（肖序、曾辉祥，2017）。② 它通过奖励或者惩罚来激励或约束企业的行为。

企业是在特定的经济与政治环境中运作，制度力量深刻影响企业的行为。权力体系拥有权威和赏罚制度，影响着组织的长远发展；法律法规的强制力有利于组织行为的一致性。组织对于制度的认识，可以分为规范、管制和认知三个组成部分，每个要素对组织都会产生不同的合法性评判根据，但目前对其缺乏有深度的研究。

Campbell（2007）认为，企业的基本经济因素（包括财务状况、社会经济的健康状况、行业竞争水平等）首先作用于 CSR 行动；而制度因素深刻影响经济因素的作用程度和范围。③ 他认为在当存在强有力的地方规制，存在有效的行业协会监管以及非营利组织、媒体等组织对 CSR 有普遍预期这三种条件下，企业会采取社会责任行为，制度规范扮演着从"胡萝卜"到"大棒"的一系列角色，对 CSR 行动发挥了关键作用。Campbell 对制度影响社会责任行为作了很好的理论阐述，但遗憾的是，Campbell 对这些命题并没有进行相应的实证。

---

① Matten D, Moon J. Implicit and Explicit CSR：A Conceptual Framework for A Comparative Understanding of Corporate Social Responsibility and Marketing：An integrative framework ［J］. Academy of Management Review，2008，33（2）：404-424.

② 肖序，曾辉祥. 可持续供应链管理与循环经济能力：基于制度压力视角 ［J］. 系统工程理论与实践，2017，37（7）：1793-1804.

③ Campbell J L. Why would Corporations Behave in Social Responsibility in Socially Responsible Ways? An Institutional Theory of Corporate Social Responsibility ［J］. Academy of Management Review，2007，32（3）：946-967.

由于我国在政府法规和法律监管方面被视为一个权威社会（Hsueh，2011），① 我国政府倡导"构建和谐社会"，包括了"尽最大努力增加和谐因素，减少不和谐因素，不断促进社会和谐"（《中国出版》，2006）。因此，我们预计中国企业的强制力与 CSR 之间存在正相关关系。考虑到食品企业面临的制度环境，本研究提出如下假设：

H1：外部环境中强制力对食品企业社会责任行为有显著的正向影响。

（2）模仿力

在制度理论中，模仿力被认为是企业在某些不确定的环境中，通过模仿它们认为是成功的或具有合规性的其他组织的行动（DiMaggio & Powell，1983）。

与强制力不同，模仿力不是基于强制权威，而是由于不确定性而产生的。正是这种不确定性鼓励了模仿，导致公司模仿其他组织。Matten 和 Moon 认为，标杆组织是那些被认为是"……更合法或更成功"的组织（DiMaggio & Powell，1983：152），如果其他实践被视为"最佳实践"，管理者往往会将其视为"合法"。可以通过加入 CSR 商业联盟、订阅 CSR 培训计划或根据 CSR 组织收到的指导制作 CSR 报告来确定哪些可能被公司视为最佳实践（Matten & Moon，2008：412）。

Campbell（2007）认为通过加强业内企业之间的对话可提高本行业 CSR 的水平。赵颖和马连福（2007）发现行业属性对 CSR 信息披露的程度有影响。②

与强制力类似，我国是一个鼓励个人和企业不仅遵守规则和法律，而且以合规的方式模仿或复制他人行为的国家。近年来，我国对 CSR 最佳实践的企业越来越多关注并进行激励，其中一项举措是我国企业 100 强 CSR 排名榜。该年度排名榜是 2010 年《财富》中国和 CSR 咨询公司 InnoCSR 创立，旨在"……为在中国运营的领先企业建立标准化、专业

---

① Hsueh R. China's Regulatory State：A New Strategy for Globalization [M]. NY：Cornell University Press，2011.

② 赵颖，马连福. 海外企业社会责任信息披露研究综述及启示 [J]. 证券市场导报，2007（8）：14-22.

的 CSR 排名系统"，以"······突出优秀的 CSR 最佳实践，为中国背景下的社会责任，鼓励企业之间进行健康的 CSR 竞争······"（"财富中国"，2012）。另一项建立最佳实践的举措更直接地关注食品安全。2011 年由艺康和中国第一财经报联合举办的"中国食品健康七星奖"项目旨在表彰"······弘扬以食品安全为中心的文化······以及对食品安全社会责任的承诺"（"2013 年七星奖"，2013）。这些关注、激励 CSR 以及排名活动会促进企业寻找和模仿那些从事被认为符合最佳规范的实践的公司。

因此，本研究提出如下假设：

H2：外部环境中模仿力对食品企业 CSR 行为有显著的正向影响。

（3）规范力

第三个驱动因素是规范力，包括通过专业化带来的压力。通过规范力实现食品企业社会责任的模式包括正规教育、许可证颁发、专业认证、跨组织的专业网络等。一个人在教育过程中形成的行为准则会带入企业中。现有企业之间的相互雇佣也会促进共同的道德行为准则的形成。根据 Matten 和 Moon（2008）的研究，能直接或间接地制定合法的组织实践标准的教育和专业权威在规范力形成中扮演至关重要的角色。相关例子包括开设必修的 CSR 课程的商学院、对公司采用 CSR 行为准则施加压力的越来越多的专业协会等。

作为规范力的一部分，媒体、客户、供应商以及公众在制定预期的 CSR 规范方面也可能具有重要作用。就规范力而言，我国管理人员的专业化程度呈上升趋势，这包括他们的教育、资历以及在商界建立专业网络。另一个趋势似乎是，随着时间的推移，我国社会和商界，尤其是媒体和客户等各种利益相关者群体，逐渐意识到企业社会责任的概念和重要性（Ramasamy & Yeung，2009）。例如，我国成立了"食品安全七星联盟"以"······连接政府、行业组织、食品安全专家、企业、媒体和公众，加强食品安全意识，提高中国食品的整体质量"（InnoCSR，2012）。在媒体方面，一项研究发现，我国媒体正在加强企业社会责任的宣传；媒体描述的动因包括认为这是企业在竞争的全球市场中站稳脚跟的重要因素，或者企业履行社会责任是"只是做正确的事"（Liu，et al.，2011）。国内学者现在正在倡导非政府组织（包括食品行业协会和消费者组织）的作用，以提高我国企业对其预防食品安全危机责任的认识（Zhao & Ruan，2011）。

因此，我们预计规范力的制度性力量与我国企业的 CSR 实践之间存在正相关关系。

因此，本研究提出如下假设：

H3：外部环境中规范力对企业社会责任承担有正向影响。

只从外部考虑制度压力的影响远不足以解释企业行为，必须从组织内进一步了解其责任承担的路径。

3.2.2 企业内部责任动力机制

现实中企业界 CSR 的行为源自于各种不同的内在动机，学术界对企业 CSR 行为动机主要归于价值增值的经济动机、企业家自身慈善意识的道德动机和基于寻求政治保护的政治动机，其中政治动机和道德动机也可以视作非经济动机（苏蕊芯等，2010），① 如表 3-1 所示。

表 3-1　　　　企业履行社会责任的动机

分类	名称	说　　明
经济动机	价值增值驱动	社会责任作为企业经济目标的一部分，是改善企业财务绩效，提升竞争优势的一种手段
非经济动机	道德驱动	社会责任是企业家慈善意识的一部分，是其自身道德观、慈善观的延伸
	政治驱动	企业通过履行社会责任的行为，缓解来自政府的压力，并试图建立与政府的关联

资料来源：苏蕊芯，仲伟周. 履责动机与民营企业社会责任观——由"富士康连跳"现象引发的思考［J］. 理论与改革，2010（5）：56-58.

---

① 苏蕊芯，仲伟周. 履责动机与民营企业社会责任观——由"富士康连跳"现象引发的思考［J］. 理论与改革，2010（5）：56-58.

目前，越来越多的食品企业已经"意识"到承担社会责任的重要性，但是在"行动"上则滞后。有学者认为，我国的 CSR 行为主要取决于企业自身的内部因素，包括企业的出口行为、创新能力、管理水平以及自身财务状况等，当 CSR 行为与企业的内在特征和利益诉求相一致时，其 CSR 行为才可能真诚持久，对企业和社会才最为有利（杨春方，2009）。[①] 本研究认为，当企业 CSR 的外在压力转化成内在动力，形成企业的长期战略，才能出现企业持续稳定的 CSR 行为。

由于我国经济在特定的历史环境中发展，具有政治经济结合型的特点，本研究借鉴苏蕊芯的分类方法，将企业 CSR 行为的动机分为三种：经济动机、道德动机和政治动机。经济动机指企业利己并希望获得价值增值；道德动机指企业进行利他的道德伦理行为；政治动机指企业通过建立政治关联从而获得政治保护的动机。

（1）经济动力

经济动机论认为企业履行社会责任目的是增加企业价值，以帮助企业实现股东价值和公司价值最大化。

鞠芳辉等（2005）从消费者选择的角度，用数学分析的方法分析了在完全垄断条件下，二分市场中企业采用不同策略的动因、结果和社会责任标准的效果，研究结果表明，企业承担社会责任既有经济动机，也有道德动机和制度动机，但经济动机是市场经济条件下最根本的因素。[②]

企业通过履行社会责任增加的股东价值将有助于企业达成其生存与发展的基本底线。从收益的角度来看，履行社会责任可帮助企业建立良好的公众形象，提高其声誉，从而增加其产品需求，同时可降低消费者对履行社会责任企业的价格敏感度。从成本的角度来看，追求自身利润最大化的企业通过履行社会责任也可降低其产品成本，并从政府的放松

---

① 杨春方.中国企业社会责任影响因素实证研究 [J].经济学家，2009（1）：66-75.

② 鞠芳辉，谢子远，宝贡敏.企业社会责任的实现——基于消费者选择的分析 [J].中国工业经济，2005（9）：91-98.

管制中获益。

因此，本研究假设：

H4：企业经济动力对食品企业社会责任行为有正向影响。

（2）道德动力

企业是 CSR 实行的主体，决策者是企业家、管理者。研究发现，企业的社会责任水平与企业决策者的道德水平与价值观念密切相关。真正的社会责任是企业领导者的道德自觉与价值观念的反映。管家理论（Stewardship Theory）认为企业领导会将其个人道德价值观带入组织，并超越组织对经济利益的追求，从而推动本企业的 CSR 行动。真正的社会责任不是纯粹的利益交换，而是需要企业领导者的道德引导、行为示范、长期投入、无私付出及一致性行动。如果得不到管理层的有力支持，企业就可能难以有真正的社会责任。道德动机推动下的 CSR 扎根于企业或地区文化以及企业面临的特殊情景模式（例如国家和地区面临的巨大的灾难等），体现了社会的核心价值观。

因此，本研究提出如下假设：

H5：企业领导者的道德水平与价值观念正向影响企业社会责任水平。

（3）政治动力

潘镇等（2020）等从国际化与社会责任关系的角度出发，认为具有政治关联的企业会通过响应政府和国际化的战略提升的需求出发，强化企业的社会责任意识，消除利益相关者的"偏见"，从而推动中国企业走向国际化。[①] 郑海东（2007）实证发现，积极参与政治的企业会积极响应政府的要求而主动承担环境责任。[②] 当企业领导具有了如人大代表、政协委员等政治身份，其意识中就会形成更积极的社会责任态度，促使企业的 CSR 行为。在中国这一特别的经济环境中，企业管理者与政府的联

---

① 潘镇，杨柳，殷华方. 中国企业国际化的社会责任效应研究 [J]. 经济管理，2020，42（9）：27-48.

② 郑海东. 企业社会责任行为表现：测量维度、影响因素及对企业绩效的影响 [D]. 浙江大学，2007.

系越紧密，越能得到地位的肯定和内心的平衡。

因此，本研究提出如下假设：

H6：企业领导对政治地位的追求正向影响企业 CSR 行为。

3.2.3 企业市场导向

企业外部环境因素要影响企业内部的社会责任行为必定通过企业某些关键环节。当今环境下对企业承担社会责任的呼声日高，政府通过法律法规要求企业 CSR 行为，消费者通过责任购买来要求企业 CSR 行为。企业是否能有效收集外部信息、部门之间能否有效进行信息交流并对外部影响因素作出恰当反应，这取决于企业的市场导向程度。市场导向已是市场营销文献与实践中一个卓越的概念。市场导向并不仅仅是行为，亦是包含行为要素的组织文化。它具有两个特征，第一个特征是以实现盈利和创造卓越顾客价值为最高原则，同时兼顾其他利益相关者的利益；第二个特征是形成一套关于组织发展和市场信息响应的行为规范，该规范要求企业贯彻顾客导向、竞争者导向及职能间的协调机制（张雪兰，2008）。① 具备完善的行为规范与积极的价值观引导，组织才能实现有效且持续的执行力。正如研究自变量 X 对因变量 Y 的影响，当 X 通过影响变量 M 来影响 Y，则 M 为中介变量。基于逻辑思维分析的角度，本研究认为企业外部环境因素通过影响企业市场导向而影响 CSR 行为，企业的市场导向是企业承担社会责任的外部动力因素与 CSR 行为两者间的中介变量。

因此，本研究提出如下假设：

H7：在企业的外部影响因素与 CSR 行为之间，其市场导向起中介作用。

H7a：在企业的外部环境强制力与 CSR 行为之间，其市场导向起中介作用。

H7b：在企业的外部环境模仿力与 CSR 行为之间，其市场导向起中介

---

① 张雪兰. 市场导向与组织绩效关系理论解释框架研究（上）［J］. 商业时代，2008（1）：38-39，78.

作用。

H7c：在企业的外部环境规范力与 CSR 行为之间，其市场导向起中介作用。

企业市场导向可确保企业的可持续性发展和高层管理者价值的实现（Pirithiviraj & Kajendra，2010）。① 组织通过采取市场导向来确保企业高层的价值观念能够有效传达给顾客（Narver & Slater，1990）。Brik（2010）认为在当今新兴经济体中，CSR 是企业市场导向与企业绩效的调节变量。② Qu（2007）通过对中国 586 家酒店总经理的调研，分析影响 CSR 的三个具有战略意义的重要变量所起的作用，即政府调控、所有制结构和市场导向，得出企业的市场导向最能预测 CSR 行为的结论，其次是政府调控，而所有制结构对 CSR 的承担并没有明显的影响；企业市场导向越强，其社会责任行为程度就越高。结合他人文献，本研究认为企业的市场导向是企业承担社会责任的内部动力因素与 CSR 行为两者间的调节变量。

因此，本研究提出如下假设：

H8：企业的市场导向在其 CSR 的内部影响因素与 CSR 行为中起调节作用。

H8a：企业的市场导向在其内部经济动力与 CSR 行为中起调节作用。

H8b：企业的市场导向在其内部道德动力与 CSR 行为中起调节作用。

H8c：企业的市场导向在其内部政治动力与 CSR 行为中起调节作用。

3.2.4 企业社会责任行为与企业绩效

对于 CSR 行为与绩效的关系，越来越多的学者通过实证研究证明，CSR 与企业绩效间存在正相关关系（Abratt & Sacks，1988；Russo & Fouts，

---

① Pirithiviraj J C D, Kajendra K. Relationship between Market Orientation and Corporate Social Responsibility with Special Reference to Sri Lankan Financial Sector ［J］. Journal of Emerging Trends in Economics and Management Sciences，2010，1（2）：107-113.

② Brik B A, Rettab B, Mellahi K. Market Orientation, Corporate Social Responsibility, and Business Performance ［J］. Journal of Business Ethics，2011，99：307-324.

1997；Waddock & Graves，1997）。①②③ 一方面，企业绩效的变化会对企业 CEO 职业的发展产生影响，CSR 策略也与企业长期和短期的绩效存在密不可分的联系，好的 CSR 策略和 CSR 相结合会促进企业的成长与发展（李维等，2021）。④ 另一方面，当企业出现负面记录的时候，企业为了保证企业绩效稳定发展的情况下，一般会通过履行 CSR 来改进企业的绩效，从而提高企业的形象，以此来弥补因负面记录的影响而带来的经济损失（李征仁等，2020），⑤ 本研究在此假设：

H9：企业社会责任行为与企业绩效正相关。

3.3 研究变量及模型

结合前面的文献分析，本研究认为，食品企业社会责任动力机制就是促使食品企业基于食品安全的社会责任得以实现的一套运作体系，它是以食品企业为中心，分别来自企业外部的制度压力，包括强制力、模仿力、规范力；企业内部的自身动力，包括企业自身对经济利益的追求、管理者的道德动力、管理者追求政治地位的动力，而企业市场导向是企业外部因素影响企业社会责任行为的中介变量，又会对企业内部动力因素与企业社会责任行为间起到调节作用。负责任的企业行为将导致企业良好的绩效。

---

① Abratt R，Sacks D. Sacks，The Marketing Challenge：Towards Being Profitable and Socially Responsible [J]. Journal of Business Ethics，1988，7：497-507.

② Russo M V，Fouts P A. Fouts，A Resource-Based Perspective on Corporate Environmental Performance and Profitability [J]. Academy of Management Journal，1997，40（3）：534-559.

③ Waddock S A，Graves S B. The Corporate Social Performance-Financial Performance Link [J]. Strategic Management Journal，1997，18（4）：303-319.

④ 李维，周建军，朱琦. CEO 职业关注与企业社会责任披露 [J]. 中国软科学，2021（2）：111-124.

⑤ 李征仁，王砚羽，石文华. 亡羊补牢：负面记录对企业社会责任的影响及绩效分析 [J]. 管理评论，2020，32（9）：239-250.

归纳总结起来，本研究的研究假设见表 3-2。

表 3-2   **研究变量及假设**

变量	变 量 假 设
H1	外部环境中强制力对食品企业社会责任行为有显著的正向影响
H2	外部环境中模仿力对食品企业社会责任行为有显著的正向影响
H3	外部环境中规范力对企业社会责任承担有正向影响
H4	企业经济动力对食品企业承担社会责任有正向影响
H5	企业高层管理者的道德水平与价值观念与企业的社会责任水平正相关
H6	企业高层管理者对政治地位的追求与对企业承担社会责任正相关
H7a	企业市场导向在其外部强制力与企业社会责任行为中起中介作用
H7b	企业市场导向在其外部模仿力与企业社会责任行为中起中介作用
H7c	企业市场导向在其外部规范力与企业社会责任行为中起中介作用
H8a	企业市场导向在其内部经济动力与企业社会责任行为中起调节作用
H8b	企业市场导向在其内部道德动力与企业社会责任行为中起调节作用
H8c	企业市场导向在其内部政治动力与企业社会责任行为中起调节作用
H9	企业社会责任行为与企业绩效正相关

图 3-2 为本研究的研究模型。

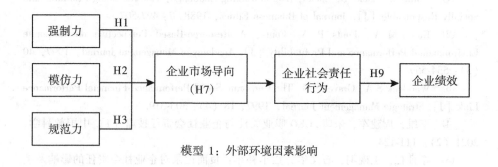

模型 1：外部环境因素影响

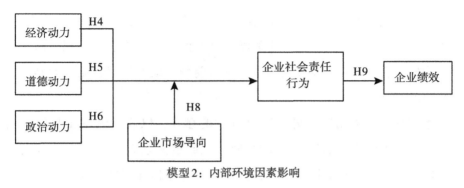

模型2：内部环境因素影响

图3-2　食品企业社会责任动力机制模型

3.4　实证研究①

3.4.1　问卷设计和变量衡量

本调查问卷采用封闭式问卷形式，以自助填表的方式。问卷采用李克特7分量表，要求被调查者依据企业的实际表现评分。由于调查参与者的回答主要建立在主观评价之上，本研究借鉴国内外学者的方法，在问卷的指导语处说明本研究的纯学术目的性，强调调查是匿名问卷填写，并做出保密承诺，以减少偏差。

任何人都不可能把自己关在屋子里通过思考一次设计好问卷，通过小规模的访谈来修改问卷是问卷设计的必经之路（马庆国，2002）。② 本研究问卷测量题项的设计力求简洁，问卷的题目共31题，调查需时在十分钟内，以保证填写者集中精力进行问卷填写，尽量保障问卷的客观性、可靠

①　本章部分内容已修改成英文发表：Institutional Forces Affecting Corporate Social Responsibility Behavior of the Chinese Food Industry [J]. Business & Society, 2017, 56 (5)：705-737.

②　马庆国. 中国管理科学研究面临的几个关键问题 [J]. 管理世界, 2002 (8)：105-115, 140.

性。设计让受访者容易填答，且不会有不舒服的字眼。问卷初稿完成后，笔者分别请教四名研究企业管理的学者针对问卷提出看法，收到反馈意见并适当修改后，对六名企业工作人员进行前测，根据反馈意见对问卷进行了相应的完善。

本研究基本采用国内外文献已开发的量表，以确保测量工具的效信度，再根据本研究的研究目的适当修改。通过文献查找，发现学者冯臻（2010）对于 CSR 所受到的外部制度性压力（包括强制性、模仿性和规范性压力）进行了测量，① 他是借鉴 Teo 等（2003）开发的量表，Teo 在企业对于组织间联盟的采纳行为研究中，开发了用于测量企业行为感受到外部强制性压力的量表，② 沈奇泰松等（2014）也从制度压力角度对影响企业社会战略反应的机理进行了测量，③ 杨春方（2009）则对企业内部经济动机、道德动机进行了测量。④

本研究参考借鉴 Teo 等、冯臻和沈奇泰松的量表，发展了测量强制力的量表。针对中国特殊国情，结合杨春方、苏蕊芯对企业内部的动力量表，并结合 Qu 的企业市场导向和企业绩效的研究。经过问卷编制和问卷前测，最终确定好正式问卷，并进行调查。

变量测量汇总见表 3-3。

表 3-3　　　　　　　　　　　　变量测量汇总表

变量项目	题项数量	量参考来源
强制力	4（题 1-4）	Teo，2003；沈奇泰松，2014
模仿力	3（题 5-7）	Teo，2003；沈奇泰松，2014

① 冯臻. 影响企业社会责任行为的路径 [D]. 复旦大学，2010.

② Teo H H, Wei K K, Benbasat I. Predicting Intention to Adopt Inter Organizational Linkages：An Institutional Perspective [J]. MIS Quarterly，2003：19-49.

③ 沈奇泰松，葛笑春，宋程成. 合法性视角下制度压力对 CSR 的影响机制研究 [J]. 科研管理，2014, 35（1）：123-130.

④ 杨春方. 中国企业社会责任影响因素实证研究 [J]. 经济学家，2009（1）：66-76.

续表

变量项目	题项数量	量参考来源
规范力	6（题 8-13）	Teo，2003；Matten & Moon，2008；沈奇泰松，2014
经济动力	1（题 14）	杨春方，2009
道德动力	1（题 15）	杨春方，2009
政治动力	1（题 16）	苏蕊芯，2010
市场化导向	7（题 21-27）	Riliang Qu，2007
企业社会责任行为	4（题 17-20）	Riliang Qu，2007
企业绩效	4（题 28-31）	沈奇泰松，2010

3.4.2　数据收集

此次调研针对的是食品企业，由于行业的特殊性，问卷资料历经了近四个月的发放和收回。问卷分三批调研。第一批问卷是利用广州年货商品交易会，据称该会有皇上皇、徐福记、旺旺、莲香楼等 1000 多家食品企业参加，笔者第一次去试图派发问卷，但现场购物者众多，食品企业参会人员忙于解说和购物，无暇顾及，第二、三次笔者携亲友大清早赶往会场，早上顾客稀少，参会人员比较闲暇，愿意配合进行调研，只是其中部分参会人员是销售商而非食品企业工作人员，并不适于本问卷的填写，而食品企业中只有部分企业有高层管理人员参会，笔者希望能找到高层做相应问卷，因此甄别工作占据了一些时间，并且收回问卷不多，有效问卷较少；第二批问卷是通过同学朋友的关系以及毕业后在食品企业就业的学生找到一些食品企业高层管理者发放和回收；第三批问卷是通过暨南大学食品系以及华南农业大学食品学院联系在食品行业工作的毕业生来发放和回收问卷。

对于问卷回收数量，Boomsma（1982）建议样本 N 至少大于 100，大于 200 更好。[①] 此次调研共发放问卷 220 份，收回问卷 188 份，回收率为

---

① Boomsma A. The Robustness of LISREL Against Small Sample Sizes in Factor Analysis Models ［D］. University：University of Groningen，1983.

85.5%，剔除漏项过多及填答一致（如均选 7）之无效问卷 234，有效问卷共 164 份（问卷见附件 1，参与调研人员企业名录见附件 2），有效问卷回收率为 75.0%，回收率比较理想。

3.4.3　数据分析

问卷回收后，运用 SPSS 16.0 来进行资料分析和假设检验。针对所搜集的资料，笔者对各变量作描述性统计，信度与效度分析，并采用回归分析等方法来分析内外部影响因素对企业社会责任行为及绩效的影响。

(1) 描述性统计

描述性统计主要统计受调查者的人口统计特征、其所在企业的基本情况以及其对企业社会责任基本概念的认知情况。样本的描述性统计信息见表 3-4。

表 3-4　　　　　　　**样本描述性统计分析（N=164）**

项目	细分类别	数量	占比（%）
性别	男	97	59.1
	女	64	39.
	缺失	3	1.8
职位	董事长或总裁	5	3
	高级管理人员	18	11
	中层管理人员	48	29.3
	基层管理人员	56	34.1
	普通员工	37	22.6
年龄	30 岁及以下	123	75
	31~40 岁	35	21.3
	41~50 岁	5	3.1
	缺失	1	0.6

项目	细分类别	数量	占比（%）
学历背景	大专以下	7	4.3
	大专	30	18.2
	大学本科	111	67.7
	研究生及以上	16	9.8
在本企业任职时间	3 年及以下	130	79.3
	3~5 年	19	11.6
	5~10 年	12	7.3
	10 年及以上	3	1.8
听说这些概念	联合国全球契约	5	1.1
	国际劳工公约	34	7.2
	企业公民	27	5.7
	SA8000	15	3.2
	利益相关者	41	8.6
	HACCP	128	26.9
	ISO22000	125	26.3
	ISO26000	46	9.7
	企业社会责任报告	42	8.8
	都没听过	12	2.5
企业管理模式	企业所有者管理	81	49.4
	职业经理人管理	61	37.2
	其他	7	4.3
	缺失	15	9.1
企业员工数	100 人及以下	42	25.6
	101~500 人	60	36.6
	501 人以上	60	36.6
	缺失	2	1.2

续表

项目	细分类别	数量	占比（%）
企业性质	国有/集体企业	27	16.5
	合资企业	28	17.1
	私营企业	107	65.2
	缺失	2	1.2
企业所处发展阶段	创业阶段	16	9.8
	成长阶段	56	34.1
	成熟阶段	84	51.2
	衰退阶段	8	4.9
企业2010年 总销售额 （人民币：万元）	<100	19	11.6
	≥100~500	20	12.2
	≥500~1000	18	11
	≥1000~3000	12	7.3
	≥3000~5000	16	9.8
	≥5000~15000	18	11.0
	≥15000	52	31.7
	缺失	9	5.5

从表3-4可以看出，本次调查样本多数为中小型食品企业。从企业规模来看，员工在300人及以下的企业占样本总数50.9%，销售收入在1亿元以下的占58.2%；员工人数在2000人以上的企业占24.2%，销售收入在1.5亿元以上的企业占7.3%，企业性质方面，私营企业为主，占55.2%，企业所处发展阶段以成熟阶段为主，占51.5%，以企业所有者管理为主要管理模式，占49.7%。

本次参与调研的企业人员中男性占59.1%，由于研究条件所限，调查样本主要从可行性角度选取，以从事食品行业工作的校友占多数，参与调研的人员多在食品企业从事基层工作，占56.7%，相应地，管理职位为高层的较少，年龄较轻，30岁以下占75%，文化层次较高，本科及以上学历占 77.5%，任职时间不长，3 年及以下的占 79.3%。从调研结果可以看出，食品企业从业人员对与食品安全紧密相关的知识有一定的认知，听说过 HACCP 的占 26.9%，听说过 ISO22000 的占 26.3%，但对 CSR 的认知并不丰富，听说过 CSR 报告的只占 8.8%，而对社会责任相关概念都没听过的亦有 12 人，占 2.5%。反映出食品企业从业人员即使拥有了较高知识水平，对于 CSR 的知识了解也不充分。

（2）问卷的质量分析

本研究测量的内容项目中有强制力、模仿力、规范力、CSR 行为、企业市场导向、企业绩效，均是用两个以上问题来测量，分析问卷的质量是针对每个内容项目采用探索性因素分析和信度分析法。其中，探索性因素分析采用主成分分析法抽取特征根大于 1 的因子，以正交极大值法进行转轴（Varimax），参考因子负荷值、信度检验的 CITC 值以及删除该题目后的 α 系数变化值来筛选各个题目。Joseph（1984）曾提出 Cronbaeh's α 系数的取舍标准：如果 Cronbach's α 系数大于 0.7，则表明信度相当高；如果介于 0.35 和 0.7 之间，则表明信度尚可；如果小于 0.35，则表明信度偏低。[①] Kaiser 提出常用的 KMO 度量标准是，0.9 以上表示非常适合，0.8 表示适合，0.7 表示一般，0.6 表示不太适合，0.5 以下表示极不适合。[②]

（1）表 3-5 是关于强制力项目的信效度分析。

表 3-5　　　　强制力问卷探索性因素分析与信度检验结果

问 卷 题 目	因子负荷	CITC	删除该题目后的 Cronbach α 值
1. 当地政府要求企业承担社会责任行为和规范	0.76	0.584	0.674
2. 所处的行业协会要求	0.85	0.697	0.608

---

① Joseph B，Vyas S J. Concurrent Validity of a Measure of Innovative Congitive Style [J]. Journal of the Academy of Marketing Science，1984，12（2）：159-175.

② 引自薛薇.SPSS 统计分析方法及应用 [M]. 北京：电子工业出版社，2004：331.

续表

问 卷 题 目	因子负荷	CITC	删除该题目后的 Cronbach α 值
3. 上级（董事会、主管部门等）要求	0.47	0.488	0.725
4. 各级政府对本行业中违责有严惩措施	0.54	0.438	0.757
变异解释量%	58.118		
问卷 Cronbach α 系数	0.751		
KMO 值	0.718		
巴特利特球形检验卡方值	167.816 ***		

注：+表示 $p<0.1$，* 表示 $p<0.05$，** 表示 $p<0.01$，*** 表示 $p<0.001$，余表同。

（2）表 3-6 是关于模仿力项目的信效度分析。

表 3-6　　　　模仿力问卷探索性因素分析与信度检验结果

问 卷 题 目	因子负荷	CITC	删除该题目后的 Cronbach α 值
5. 同行因履行 CSR 好扩大了知名度	0.49	0.426	0.655
6. 社会责任建设做得好的同行经营中效 益好	0.71	0.587	0.444
7. 本地或同业标杆企业社会责任行为对 本企业有深刻影响	0.68	0.455	0.623
变异解释量%	52.611		
问卷 Cronbach α 系数	0.674		
KMO 值	0.619		
巴特利特球形检验卡方值	79.736 ***		

（3）表 3-7 是关于规范力项目的信效度分析。

表3-7 规范力问卷探索性因素分析与信度检验结果

问 卷 题 目	因子负荷	CITC	删除该题目后的 Cronbach α 值
8. 企业的商业客户 CSR 行动履行情况较好	0.79	0.605	0.784
9. 企业的供应商 CSR 行动履行情况较好	0.79	0.651	0.772
10. 公众赞赏企业负责任地对待利益相关者的行为	0.55	0.490	0.806
11. 社会及公众的社会责任意识程度较高	0.58	0.636	0.775
12. 媒体对企业社会责任的监督力量较强	0.48	0.537	0.797
13. 企业领导、员工接受的 CSR 教育非常影响本企业	0.58	0.572	0.789
变异解释量%	52.611		
问卷 Cronbach α 系数	0.816		
KMO 值	0.778		
巴特利特球形检验卡方值	337.696 ***		

（4）表3-8是关于企业社会责任行为项目的信效度分析。

表3-8 企业社会责任行为问卷探索性因素分析与信度检验结果

问 卷 题 目	因子负荷	CITC	删除该题目后的 Cronbach α 值
17. 本企业不断提高产品的安全和服务的质量	0.848	0.654	0.583
18. 企业销售人员和雇员向客户提供充分和准确的信息	0.777	0.544	0.649
19. 本企业积极支持社区活动	0.741	0.520	0.665
20. 本企业非常注意避免生产中的能源和材料浪费	0.581	0.363	0.746
总变异解释量%	55.546		

续表

问 卷 题 目	因子负荷	CITC	删除该题目后的 Cronbach α 值
总问卷 Cronbach α 系数	0.726		
KMO 值	0.723		
巴特利特球形检验卡方值	136.677***		

（5）表3-9是关于市场导向项目的信效度分析。

表3-9 市场导向问卷探索性因素分析与信度检验结果

问 卷 题 目	正向计分	反向计分	CITC	删除该题目后的 Cronbach α 值
21. 企业在短时间能了解主要客户或市场重要事项	0.788		0.651	0.763
22. 本企业非常关注员工的满意度	0.818		0.683	0.751
23. 本企业的不同部门之间有良好的沟通和协调	0.776		0.661	0.761
24. 本企业非常关注客户的满意度	0.822		0.732	0.751
25. 客户投诉并不被本企业视为关键和重要问题		0.953	0.313	0.866
26. 为员工提供全面培训，教导他们如何服务顾客	0.776		0.603	0.768
27. 定期审查经营环境的变化对客户可能的影响	0.664		0.518	0.785
变异解释量%	51.284	15.822		
总变异解释量%	67.106			

续表

问 卷 题 目	正向计分	反向计分	CITC	删除该题目后的 Cronbach α 值
总问卷 Cronbach α 系数	0.806			
KMO 值	0.854			
巴特利特球形检验卡方值		412.821***		

（6）表 3-10 是关于企业绩效项目的信效度分析。

表 3-10　　**企业绩效问卷探索性因素分析与信度检验结果**

问 卷 题 目	因子负荷	CITC	删除该题目后的 Cronbach α 值
28. 被商业伙伴或债权人认为是一家值得信赖的公司	0.876	0.735	0.749
29. 本企业相对于同行企业取得了很好的投资回报率	0.804	0.629	0.791
30. 工资、福利在本地或本行业中有很强的竞争力	0.746	0.579	0.823
31. 产品或服务质量与安全水平属于同行领先水平	0.840	0.696	0.759
变异解释量%	66.886		
问卷 Cronbach α 系数	0.826		
KMO 值	0.745		
巴特利特球形检验卡方值	259.077***		

从表 3-5 至表 3-10 可以看出，强制力、模仿力、规范力的 Cronbach's α 值分别为 0.751、0.674、0.816，市场导向、企业社会责任行为、企业绩效的 Cronbach's α 值分别为 0.726、0.746、0.826，基本上大于 0.7，这表明各个量表的测量具有较高的内部一致性。

　　数据的探索性因子分析结果显示，单维度解释变异都大于 50%。每道题目因子负荷值均大于 0.4，CITC（Corrected Item-Total Correlation）大于 0.3，删除某一题目后 Cronbach α 值并没有明显增加，① 因此问卷题目都可以保留。

　　本章的问卷所含问题都是由相关文献推导出来，且大部分的问题是借鉴其他学者实证研究中已采用过的量表，因而具有较高的内容效度。通过以上的信效度分析，本问卷符合相应要求，可用于变量的测量。

3.5　假　设　检　验

3.5.1　内外企业社会责任影响因素检验

　　通过 SPSS 检验对强制力、模仿力、规范力、经济动力、道德动力、政治动力与企业社会责任行为之间进行回归分析，检测研究假设 H1-H6 是否成立。

　　根据 Chin（1998）、Henseler、Ringle 和 Sinkovies（2009）等对多元回归的研究建议，R^2 如果在 0.670 以上，表示在可接受范围；如果在 0.330 与 0.670 之间的，表示在中度范围；如果在 0.330 以下，而在 0.15 以上的话表示尚可接受。从表 3-11 可以看出，相关系数（R）= 0.665，判定系数（R^2）= 0.442，调整判定系数（调整 R^2）= 0.417，估计值的误差 = 0.7255；表 3-12 可以看出，$F = 17.817$，且 $p = 0.000 < 0.001$；因此，本部分的模型符合要求，显示出所建测量模型具有较强的预测能力。

---

① 某项目的 CITC 值小于 0.3，并且删除后会导致 α 系数增加，则删除该项目。引自卢纹岱. SPSS for Windows 统计分析［M］. 北京：电子工业出版社，2002：400-406.

表 3-11 **SPSS 结果-模型摘要**

模型	R	R^2	调整 R^2	估计的标准误
1.1	0.665ª	0.442	0.417	0.72550

a. 预测变量：（常数）政治动力、规范力、道德动力、强制力、经济动力、模仿力。

b. 因变量：企业社会责任行为。

表 3-12 **SPSS 结果-方差分析**

模型		平方和	自由度	均方	F	显著性
1.2	回归	56.267	6	9.378	17.817	0.000ª
	残差	71.057	135	0.526		
	总计	127.324	141			

a. 预测变量：（常数）政治动力、规范力、道德动力、强制力、经济动力、模仿力。

b. 因变量：企业社会责任行为。

表 3-13 **SPSS 结果-回归系数**

模型		非标准化系数		标准系数	t	显著性
		B	标准误	Beta		
1.2	（常量）	2.514	0.429		5.860	0.000
	强制力	0.052	0.074	0.056	0.704	0.483
	规范力	0.506	0.084	0.541	6.050	0.000
	模仿力	-0.004	0.085	-0.004	-0.045	0.964
	经济动力	-0.063	0.041	-0.120	-1.538	0.126
	道德动力	0.082	0.037	0.169	2.221	0.028
	政治动力	0.024	0.044	0.044	0.533	0.595

a. 因变量：企业社会责任行为。

从表 3-11 到表 3-13 的结果来看，以规范力作为自变量，回归系数 t 值为 6.050，$p=0.000$，Beta=0.541，可见规范力对企业社会责任行为影响非常显著。以道德力作为自变量，回归系数 t 值为 2.221，$p=0.028$，Beta=0.169，对企业社会责任行为的影响有一定的显著性。而强制力、模仿力、经济动力、政治动力四个自变量对企业社会责任行为影响不显著。

研究假设中的 H3、H5 得证，H1、H2、H4、H6 假设均没有通过检验，即在企业社会责任行为的影响因素中，规范力对企业社会责任行为影响非常显著，道德动力对企业社会责任行为影响比较显著。

3.5.2 企业市场导向因素检验

(1) 外部中介效应检验

从上一节检验结果可知，由于影响 CSR 行为的内外部因素中，只有规范力和道德动力两个因素对于其 CSR 行动有正向影响关系。由此可知，影响 CSR 行为的外部因素中，强制力和模仿力两个因素对于其 CSR 行动没有显著影响，企业的市场导向在其 CSR 影响因素与 CSR 行为之间的中介作用没有得到通过，研究假设 H7a、H7b 未获得支持。

本研究检验外部因素中规范力对企业市场导向的影响，回归分析结果见表 3-14、表 3-15、表 3-16。从这三个表得出，相关系数（R）= 0.666，判定系数（R^2）= 0.444，调整判定系数（调整 R^2）= 0.440，估计值的误差（Std. Error of the Estimate）= 0.79313；$F=116.668$，且 $p=0.000<0.001$；回归系数 t 值为 10.801，$p=0.000<0.01$，以规范力作为自变量，对企业社会责任行为影响显著。

表 3-14　　　　　　　　**SPSS 结果-模型摘要**

模型	R	R^2	调整 R^2	估计的标准误
1	0.666[a]	0.444	0.440	0.79313

a. 预测变量：（常数）规范力。

表 3-15   **SPSS 结果-方差分析**

模型		平方和	自由度	均方	F	显著性
1	回归	73.390	1	73.390	116.668	0.000^a
	残差	91.841	146	0.629		
	总计	165.231	147			

a. 预测变量：（常数）规范力。

b. 因变量：市场导向。

表 3-16   **SPSS 结果-回归系数**

模型		非标准化系数		标准化系数	t	显著性
		B	标准误	Beta		
1	（常数）	-0.003	0.065		-0.039	0.969
	规范力	0.681	0.063	0.666	10.801	0.000

a. 因变量：市场导向。

将中介变量市场导向加入作为影响因素来对企业社会责任行为的回归分析，结果如表 3-17、表 3-18、表 3-19 所示。从表中数据可以看出，在加入企业市场导向因素前，外部的规范力与企业社会责任行为之间显著相关（T 值 = 10.801；$p < 0.01$）；如加入市场导向变量，两者之间 Beta 由 0.666 减少到 0.330，表明相关性减弱，虽然仍然达到显著程度，但 T 值 = 6.439；$p = 0.000 < 0.01$，显著程度明显减小，说明市场导向变量在规范力与企业社会责任行为之间起到部分中介作用。假设 H7c 得到部分验证。

表 3-17   **SPSS 结果-模型摘要**

模型	R	R^2	调整 R^2	估计的标准误
1	0.758^a	0.575	0.569	0.66770

a. 预测变量：（常数）市场导向，规范力。

表 3-18　　　　　　　　　　　　SPSS 结果-方差分析

模型		平方和	自由度	均方	*F*	显著性
1	回归	83.716	2	41.858	93.888	0.000ᵃ
	残差	61.970	139	0.446		
	总计	145.687	141			

a. 预测变量：（常数）市场导向，规范力。

b. 因变量：企业责任行为。

表 3-19　　　　　　　　　　　　SPSS 结果-回归系数

模型		非标准化系数		标准化系数	*t*	显著性
		B	标准误	Beta		
1	（常数）	-0.017	0.056		-0.296	0.768
	规范力	0.319	0.074	0.330	4.321	0.000
	市场导向	0.468	0.073	0.492	6.439	0.000

a. 因变量：企业责任行为。

由上可知，市场导向在企业外部因素规范力与食品企业社会责任行为之间的中介影响见图 3-3。

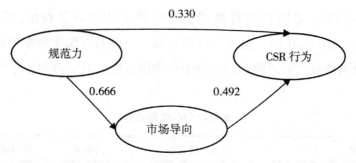

图 3-3　市场导向在企业外部因素规范力与食品企业社会责任行为之间的中介影响

市场导向在规范力与企业社会责任行为之间的中介效应：

$$中介效应比率 = \frac{0.666 \times 0.492}{0.333 + 0.666 \times 0.492} \times 100\% = 49.8230\%$$

(2) 内部调节效应检验

调节变量分析的具体步骤为：将自变量和调节变量做中心化变换，使得新得到的数据样本均值为 0；构造乘积项，将经过编码或中心化（或标准化）处理后的自变量和调节变量相乘；构造方程，把未中心化的自变量和因变量和乘积项放到多元层级回归方程中检验交互作用；分析调节作用模式，作图以直观表示出调节作用的模式。依据以上步骤，得出的数据结果如下：

表 3-20 **SPSS 结果-模型摘要**

模型	R	R^2	调整 R^2	估计的标准误
1	0.744[a]	0.554	0.541	0.69864
2	0.749[b]	0.561	0.539	0.70035

a. 预测变量：（常数）市场导向、政治动力、道德动机、经济动力。

b. 预测变量：（常数）市场导向、政治动力、道德动机、经济动力、经济动力乘市场导向、道德动力乘市场导向、政治动力乘市场导向。

表 3-21 **SPSS 结果-方差分析**

模型		平方和	自由度	均方	F	显著性
1	回归	85.315	4	21.329	43.698	0.000[a]
	残差	68.821	141	0.488		
	总计	154.136	145			
2	回归	86.447	7	12.350	25.178	0.000[b]
	残差	67.688	138	0.490		
	总计	154.136	145			

a. 预测变量：（常数）市场导向、政治动力、道德动机、经济动力。

b. 预测变量：（常数）市场导向、政治动力、道德动机、经济动力、经济动力乘市场导向、道德动力乘市场导向、政治动力乘市场导向。

c. 因变量：企业责任行为。

由表 3-22 可以看出，乘积项对应的回归系数未能达到显著水平，本次调查数据不能验证企业市场导向的调节效应的存在。H8a、H8b、H8c 假设均没有通过检验。

表 3-22   SPSS 结果-回归系数

模型		非标准化系数		标准化系数	t	显著性
		B	标准误	Beta		
1	（常数）	−0.015	0.058		−0.261	0.795
	道德动力	0.035	0.036	0.067	0.960	0.339
	经济动力	0.045	0.041	0.077	1.092	0.277
	政治动力	0.051	0.044	0.089	1.177	0.241
	市场导向	0.704	0.062	0.722	11.310	0.000
2	（常数）	−0.023	0.063		−0.361	0.719
	道德动机	0.049	0.037	0.094	1.308	0.193
	经济动力	0.046	0.042	0.080	1.103	0.272
	政治动力	0.057	0.044	0.099	1.294	0.198
	市场导向	0.691	0.070	0.709	9.849	0.000
	道德动力乘市场导向	−0.015	0.031	−0.036	−0.488	0.627
	经济动力乘市场导向	−0.045	0.035	−0.097	-1.293	0.198
	政治动力乘市场导向	0.008	0.037	0.017	0.206	0.837

a. 因变量：企业责任行为。

（3）企业社会责任行为与绩效检验

本研究根据调研得的统计数据，以 CSR 行为作为自变量、企业绩效作为因变量，通过线性回归分析来判断两者的关系。

从表 3-23、表 3-24、表 3-25 可以看出，相关系数（R）= 0.671，判定系数（R^2）= 0.450，调整判定系数（调整 R^2）= 0.447，估计值的误差（Std. Error of the Estimate）= 0.91253；F = 122.918，且 p = 0.000 < 0.001；回归系数 t 值为 11.087，p = 0.000 < 0.01，Beta 为 0.671，企业社会责任行

为对企业绩效正向影响显著。由此，假设9得到验证。

表 3-23　　　　　　　　　　　　**SPSS 结果-模型摘要**

模型	R	R^2	调整 R^2	估计的标准误
1	0.671[a]	0.450	0.447	0.91253

a. 预测变量：（常数）企业社会责任行为。

表 3-24　　　　　　　　　　　　**SPSS 结果-方差分析**

模型		平方和	自由度	均方	F	显著性
1	回归	102.356	1	102.356	122.918	0.000[a]
	残差	124.907	150	0.833		
	总计	227.263	151			

a. 预测变量：（常数）企业社会责任行为。

b. 因变量：企业绩效。

表 3-25　　　　　　　　　　　　**SPSS 结果-回归系数**

模型		非标准化系数		标准化系数	t	显著性
		B	标准误	Beta		
1	（常数）	0.454	0.413		1.099	0.273
	企业社会责任行为	0.818	0.074	0.671	11.087	0.000

a. 因变量：企业绩效。

本研究的假设检验结果如表 3-26 所示。

表 3-26　　　　　　　　　　　　**假设检验结果**

变 量 检 验	结论
H1：外部环境中强制力对食品企业社会责任行为有显著的正向影响	不显著
H2：外部环境中模仿力对食品企业社会责任行为有显著的正向影响	不显著

变 量 检 验	结论
H3：外部环境中规范力对企业社会责任承担有正向影响	显著
H4：企业经济动力对食品企业承担社会责任有正向影响	不显著
H5：企业高层管理者的道德水平与价值观念与企业的社会责任水平正相关	显著
H6：企业高层管理者对政治地位的追求与对企业承担社会责任正相关	不显著
H7a：企业市场导向在其外部强制力与企业社会责任行为中起中介作用	不显著
H7b：企业市场导向在其外部模仿力与企业社会责任行为中起中介作用	不显著
H7c：企业市场导向在其外部规范力与企业社会责任行为中起中介作用	部分显著
H8a：企业市场导向在其内部经济动力与企业社会责任行为中起调节作用	不显著
H8b：企业市场导向在其内部道德动力与企业社会责任行为中起调节作用	不显著
H8c：企业市场导向在其内部政治动力与企业社会责任行为中起调节作用	不显著
H9：企业社会责任行为与企业绩效正相关	显著

3.6　本 章 小 结

本研究通过对食品企业进行问卷调研并展开分析，对食品承担社会责任行为的影响因素作了实证研究。结果表明，在影响 CSR 的外部因素中，来自于包括政府部门、企业主管组织或者市场竞争环境等因素所形成的强制力、模仿力对于企业 CSR 行为的影响并不显著。与企业直接合作伙伴的社会责任表现、公众及媒体在内的非政府组织（NGO）的期望构成的规范力，对企业 CSR 行为有显著影响。本研究与复旦大学博士生冯臻（2010）的研究结论"强制性压力仍然是目前推动 CSR 行动的主要影响力量"不一致，但与现实情况比较吻合，尽管政府多次加强了食品安全法律法规的建设，但食品安全事件还是层出不穷；往往影响企业行为的是外部规范力中的新闻媒体，经它曝光之后才促成企业重视食品的责任行为。

本研究结论一方面反映出在中国特定的历史条件和社会背景下，新闻媒体往往取代了政府的监管作用，食品企业不负责任的行为多次由新闻媒体揭露而曝光，从而对食品企业产生巨大的压力，因此进一步放开新闻自由，给媒体以监督权可有效促进食品企业的责任行为；另一方面反映了我国法律法规的执行力不足，导致目前市场上食品安全事故频发。为什么会出现政府对食品企业的强制监督作用收不到良好效果？这是值得探讨的话题，因此本研究将在下一章深入研究强制力失效的原因。

新媒体作为第三方监管主体，在食品溯源体系建设中扮演着重要角色，对消费者可追溯食品支付意愿的引导作用亦相当重要，是食品安全社会共治的重要力量（黄少安、李业梅，2020）。① 中国工程院院士孙宝国教授亦呼吁："愿专业媒体为践行中国食品 CSR 更好地发声助力。"② 从本章的研究可见，加强媒体监督可引导政府通过行政治理约束企业行为，推动政府根据民众需求完善政策法规，同时，加强媒体监督可降低上下级政府间的信息不对称，并减少监管者背离公众利益的可能性（倪国华，2020）。③

本次调查数据没有验证到企业市场导向对企业承担社会责任的内部动力因素与企业社会责任行为两者间的调节效应，可能是调研数据样本数量不够，无法得出显示性论证，或者是理论的研究还有待深入。

本研究还显示出在影响企业社会责任行为的内部因素中，道德动力对企业社会责任行为影响非常显著。关于道德动力对食品企业的影响将在第6章进一步深入探讨。

① 黄少安，李业梅．新媒体环境下食品溯源体系建设中主体角色演化机制研究 [J]．经济纵横，2020（6）：26-36，2.

② 《2019 中国食品企业社会责任报告》在京发布 [EB/OL]．经济日报．[2019-12-16]．http://www.cfoodw.com/n/19664.html.

③ 倪国华．媒体监督的制度要件价值及作用机制研究——基于食品安全事件的案例分析 [J]．北京工商大学学报（社会科学版），2020，35（3）：29-36.

4 食品企业社会责任行为与政府管理[①]

4.1 引 言

上一章的实证分析中提到一个值得继续深入探讨的问题，即如何有效加强政府监管作用，从而提高外部强制力对食品企业社会责任行为的作用。本章就此问题开展相应研究。

政府是食品企业重要的利益相关者，主要通过监管及有关政策来影响企业的 CSR 行为（Fransen & Kolk，2007）。[②] 在 CSR 的影响因素中，政府规制是制度因素的第一要素（Campbell，2007）。[③] 政策管制包括法律、政府的规章以及有广泛约束力的行业习惯或者指引，是立法机构、政府或者有代表权的机构颁布的强制企业遵守的行为规范。

[①] 本章部分内容分别发表在两期刊上：基于食品安全的企业、监管部门动态博弈分析 [J]. 华南农业大学学报（社科版），2009（3）：62-68；基于博弈论的食品安全监管分析 [J]. 科技管理研究，2011（11）：32-42.

[②] Fransen L W, Kolk A. Global Rule-Setting for Business：A Critical Analysis of Multi-Stakeholder Standards [J]. Organization，2007，14（5）：667-684.

[③] Campbell J L. Why would Corporations Behave in Social Responsibility in Socially Responsible Ways? An Institutional Theory of Corporate Social Responsibility [J]. Academy of Management Review，2007，32（3）：946-967.

欧洲国家的 CSR 政策促进了 CSR 水平的提高，而 CSR 水平的提高也促进了政府的利益相关者思维（Albareda et al.，2007）。① 欧美国家的 CSR 已进入企业内部规则主导阶段，而中国仍处于企业外部规则主导阶段，应运用市场手段、强化政策导向、加强法制建设以推动我国 CSR 的发展（黄晓鹏，2007）。②

政府管制假设政府是理性的，能够从民众利益出发，对市场做出理性计算，且政府管制往往存在权威性、强制性的优势。但在实践中，由于该假设难以实现，往往发生政府管理失灵现象（王阿妮等，2020）。③ 虽然政府管制对企业 CSR 的影响是肯定的，但是影响的机理有待进一步研究。政策管制在前述文献中讨论时更多的是指政府担任制度制定者和博弈过程监督者的角色。

食品安全问题涉及食品生产企业、监管部门、政府和消费者等多方的利益，各方的效用不仅取决于自身的策略选择，也取决于其他两方面的策略，他们之间进行着一系列的博弈。对于行为互动经济现象的理解，博弈论提供了有力的理论工具。博弈论又称对策论，它主要研究经济当事人的行为相互作用时的决策以及决策的均衡问题，并强调经济当事人之间决策的相互依赖性（张维迎，2004）。④ 英国的 Henson 博士和美国的 Caswell（1999）教授从博弈与均衡角度分析，认为管制是各利益主体间的博弈，食品安全管制政策的选择是国内外消费者、农场主、食品制造商、食品零售商、政府、纳税人等利益集团博弈的结果。⑤ 英国的 Loader 和加拿大的

---

① Albareda L, Lozano J M, Ysa T. Public Policies on Corporate Social Responsibility: The Role of Governments in Europe [J]. Journal of Business Ethics, 2007, 74: 391-407.

② 黄晓鹏. 演化经济学视角下的企业社会责任政策——兼谈企业社会责任的演化 [J]. 经济评论, 2007, 4: 129-137.

③ 王阿妮, 徐彪, 顾海. 食品安全治理多主体共治的机制分析 [J]. 南京社会科学, 2020 (3): 64-70.

④ 张维迎. 博弈论与信息经济学 [M]. 上海: 上海三联书店, 2004.

⑤ Henson S, Caswell J. Food Safety Regulation: An Overview of Contemporary Issues [J]. Food Policy, 1999, 24 (6): 589-603.

Hobbs（1999）指出，尽管消费者非常在意食品的安全性，因而也非常看重食品安全管制，但消费者一般认为，保障食品安全是政府的基本职责。①我国的学者主要从政府是公众利益代理人的角度考虑食品安全管制的必要性，李功奎和应瑞瑶（2004）认为，政府质量安全管理体制的薄弱是形成"柠檬现象"的重要原因，在解决由信息不对称所导致的市场失灵的过程中，更主要应由政府来弥补市场失灵的缺陷。② 赵德余和唐博（2020）通过对政府监管部门与生产企业的博弈分析，认为双方博弈中存在混合策略纳什均衡。③

本研究在他人研究基础上，通过建立地方监管与食品企业博弈、中央监管与地方监管两级博弈模型，分析我国食品安全问题存在的原因，探讨食品安全管制的必要性，并结合"三鹿奶粉"案例研究政府在食品企业社会责任中所起的作用。

4.2 地方监管部门与食品企业的动态博弈

食品生产过程由监管部门、食品生产企业和消费者三方参加博弈。因消费者是相对被动的信息接受者，本研究认为市场均衡的形成主要取决于食品生产企业、监管部门的策略。

由于企业对当地的 GDP 作出贡献，地方政府负责对企业进行综合监管，本研究认为食品安全生产过程主要由地方监管部门和食品企业构成不完全信息动态博弈。其中地方监管部门包括质量技术监督、卫生、工商、

---

① Loader R, Hobbs J E. Stragetic responses to food safety legislation [J]. Food Policy, 1999, 24 (6): 685-706.

② 李功奎，应瑞瑶."柠檬市场"与制度安排——一个关于农产品质量安全保障的分析框架 [J]. 农业技术经济，2004 (3): 15-20.

③ 赵德余，唐博. 食品安全共同监管的多主体博弈 [J]. 华南农业大学学报（社会科学版），2020，19 (5): 80-92.

食品等行政管理部门和地方政府。

4.2.1　模型假定

①如企业生产不安全产品，地方监管部门就可查出。地方监管部门的检查成本为 C_1，企业重视食品安全的成本为 C_2。

②如食品企业重视食品安全，积极配合地方监管部门的行动，并能为社会提供安全食品，不需要向地方监管部门行贿，所以重视食品安全的企业无需考虑地方监管部门是否失职及企业是否行贿的问题；当地方监管部门不检查时也不存在失职与行贿的问题。

③食品企业如不重视食品安全，就会消极对待政府的行动，并会产生不安全食品，地方监管部门不失职时将对其进行惩罚，为此食品企业必须承担处罚金、法律责任等方面的成本为 F。

④地方监管部门失职时，若企业行贿，企业向地方监管部门行贿的贿金为 $\alpha C_2(0 < \alpha < 1)$，则企业不用重视食品安全，而地方监管部门把行贿金 αC_2 作为自身的收益；若企业不重视食品安全又不行贿，则地方监管部门非法收取食品不安全企业的处罚金 $\beta F(\beta > 1)$。

⑤地方监管部门不失职时，若食品不安全的企业行贿，则地方监管部门将没收贿金，并对企业处以 F 的罚款，当地方监管部门把没收的贿金 αC_2 及处罚金 F 上交国库时，政府给予地方监管部门适当的激励金 $\kappa(\alpha C_2 + F)$，$(0 < \kappa < 1)$。

⑥地方监管部门失职时，地方监管部门信誉损失为 U_1；地方监管部门检查企业存在不安全食品时，企业信誉损失为 U_2；食品企业重视产品安全，从提供安全食品中获得的声誉收益为 U_3；地方监管部门不监督检查，食品企业也不重视食品安全，造成对社会的严重影响，地方监管部门失责造成的损失为 U_4（包括信誉损失和形成的社会成本），其余情况双方的信誉损失为 0。

主要指标及参数如表 4-1 所示。

表 4-1   主要指数及参数含义

符号	定　义
C_1	地方监管部门的检查成本
C_2	食品企业重视食品安全，提供安全产品的成本
F	食品企业食品不安全，承担处罚金、法律责任等方面的成本
U_1	地方监管部门失职接受贿赂作自身收益时的信誉损失
U_2	地方监管部门检查到企业食品不安全时，企业的信誉损失
U_3	食品企业重视产品安全，从提供安全产品中获得的声誉收益
U_4	地方监管部门失责造成的损失（包括信誉损失和形成的社会成本）

4.2.2　动态博弈模型的建立及均衡求解

该模型的博弈树如图 4-1 所示。

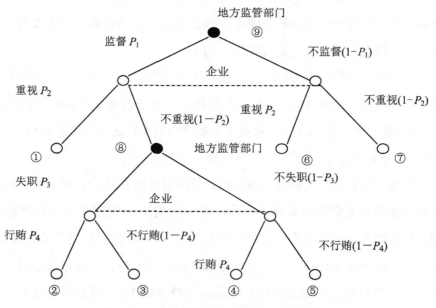

图 4-1　地方监管部门与食品企业的博弈树

根据假定条件与博弈树可以确定图 4-1 中各节点①—⑨的收益值为（下式括号左边为监管部门，右边为食品生产企业）：

① $(-C_1, -C_2 + U_3)$

② $(\alpha C_2 - C_1 - U_1, -\alpha C_2 - U_2)$

③ $(\beta F - C_1 - U_1, -\beta F - U_2)$

④ $(\kappa(\alpha C_2 + F) - C_1, -\alpha C_2 - F - U_2)$

⑤ $(\kappa F - C_1, -F - U_2)$

⑥ $(0, -C_2)$

⑦ $(-U_4, 0)$

⑧ (E_{11}, E_{12})

⑨ (E_{21}, E_{22})

采用逆向归纳法求解，即从博弈树的最底层开始，考察每层的监管部门与企业的期望收益，具体过程如下：

（1）分析地方监管部门是否失职与企业是否行贿

考察地方监管部门是否失职与企业是否行贿情况，涉及决策点②、③、④、⑤，用 E_{11}，E_{12} 分别表示地方监管部门与企业的期望收益。首先计算结点⑧的期望值。

$$E_{11} = P_3 P_4 (\alpha C_2 - C_1 - U_1) + P_3 (1 - P_4)(\beta F - C_1 - U_1) + (1 - P_3)$$
$$P_4 [\kappa(\alpha C_2 + F) - C_1] + (1 - P_3)(1 - P_3)(\kappa F - C_1) \qquad (4\text{-}1)$$

$$E_{12} = P_3 P_4 (-\alpha C_2 - U_2) + P_3 (1 - P_4)(-\beta F - U_2) + (1 - P_3)$$
$$P_4 (-\alpha C_2 - F - U_2) + (1 - P_3)(1 - P_4)(-F - U_2) \qquad (4\text{-}2)$$

对式（4-1）、式（4-2）求一阶条件：

$$\frac{\partial E_{11}}{\partial P_3} = P_4 (\alpha C_2 - C_1 - U_1) + (1 - P_4)(\beta F - C_1 - U_1) - P_4 [\kappa(\alpha C_2 + F) -$$
$$C_1] - (1 - P_4)(\kappa F - C_1) = 0$$

$$\frac{\partial E_{12}}{\partial P_4} = P_3 (-\alpha C_2 - U_2) - P_3 (-\beta F - U_2) + (1 - P_3)(-\alpha C_2 - F - U_2) -$$
$$(1 - P_3)(-F - U_2) = 0$$

从而得均衡解为：$P_3^* = \dfrac{\alpha C_2}{\beta F}$，$P_4^* = \dfrac{(\beta - \kappa) F - U_1}{\beta F - \alpha(1 - \kappa) C_2}$。

（2）分析企业是否重视食品安全和地方监管部门是否检查

考察企业是否重视食品安全及地方监管部门是否检查这一层次，涉及决策结点①、⑥、⑦、⑧。用 E_{21}，E_{22} 分别表示本阶段地方监管部门和食品企业的期望收益。将 (P_3^*, P_4^*) 代入式（4-1）、式（4-2）可得：

$$E_{11} = P_4^* \kappa \alpha C_2 + \kappa F - C_1 \tag{4-3}$$

$$E_{12} = \left(\frac{1}{\beta} - 1\right) \alpha C_2 - F - U_2 \tag{4-4}$$

其次计算节点⑨的期望值：

$$E_{21} = P_1 P_2(- C_1) + P_1(1 - P_2) E_{11} + (1 - P_1) P_2 + (1 - P_1)(1 - P_2)(- U_4) \tag{4-5}$$

$$E_{22} = P_1 P_2(- C_2 + U_3) + P_1(1 - P_2) E_{12} + (1 - P_1) P_2(- C_2) + (1 - P_1)(1 - P_2) \tag{4-6}$$

对式（4-5）、式（4-6）求一阶条件：

$$\frac{\partial E_{21}}{\partial P_1} = P_2(- C_1) + (1 - P_2) E_{11} + (1 - P_2) U_4 = 0$$

$$\frac{\partial E_{22}}{\partial P_2} = P_1(- C_2 + U_3) - P_1 E_{12} - (1 - P_1) C_2 = 0$$

解得博弈问题的纳什均衡为：$P_1^* = \dfrac{C_2}{U_3 - E_{12}}$，$P_2^* = \dfrac{E_{11} + U_4}{C_1 + E_{11} + U_4}$。

4.2.3　均衡结果分析

由上述求解过程可得模型的均衡解为：

$$P_1^* = \frac{C_2}{U_3 - E_{12}};\ P_2^* = \frac{E_{11} + U_4}{C_1 + E_{11} + U_4};\ P_3^* = \frac{\alpha C_2}{\beta F};\ P_4^* = \frac{(\beta - \kappa) F - U_1}{\beta F - \alpha(1 - \kappa) C_2}$$

（1）地方监管部门检查的概率 P_1^*

由 $P_1^* = \dfrac{C_2}{U_3 - E_{12}}$ 可知，地方监管部门检查监督的概率 P_1^* 与食品企

业重视食品安全、提供安全食品的成本 C_2、提供安全食品时获得的声誉收益 U_3 及其期望值 E_{12} 有关。具体关系为：

①食品企业提供安全产品的成本 C_2 越高，地方监管部门检查的概率 P_1^* 越大。由于企业提供安全食品的成本越高，企业提供不安全食品的概率就越大，因此地方监管部门为促使企业重视食品安全就需提高其检查概率 P_1^*。

②企业提供安全食品的信誉得益 U_3 越大，企业重视食品安全的动力就越大，那么企业就会积极主动地加强食品安全，即使地方监管部门不检查，企业仍然乐于重视食品安全。所以，此时地方监管部门检查的概率 P_1^* 就越小。

③E_{12} 越大，食品不安全企业的损失越大。为了避免这种损失，企业就更主动重视食品安全，在这种情况下，可降低其地方监管部门检查概率。

（2）企业重视食品安全的概率 P_2^*

由 $P_2^* = \dfrac{E_{11} + U_4}{C_1 + E_{11} + U_4}$ 可知，企业重视食品安全的概率 P_2^* 与地方监管部门检查监督成本 C_1、期望收益 E_{11} 和声誉损失 U_4 的大小有关。具体关系为：

①地方监管部门检查成本 C_1 越高，企业重视食品安全的概率 P_2^* 越小。从节约成本的角度出发，地方监管部门检查成本过高，会使监督管理的概率降低，而企业也就降低了重视食品安全的积极性。

②地方监管部门期望收益 E_{11} 越大，企业重视食品安全的概率 P_2^* 越大。E_{11} 越大，表明地方监管部门在第一阶段的收益越大，而这一收益与食品不安全企业在这个阶段的损失正相关，即 E_{11} 越大时不重视食品安全的企业损失越大，为了避免这种较大的损失，企业重视食品安全的概率 P_2^* 越大。

③U_4 越大，P_2^* 越大。地方监管部门失责造成的损失 U_4 越大，地方监管部门越不愿意造成这样的损失，就会加大检查的力度，由此促进企业食品安全，即企业重视食品安全的概率 P_2^* 就越大。

（3）地方监管部门失职的概率 P_3^*

由 $P_3^* = \dfrac{\alpha C_2}{\beta F}$ 可知，地方监管部门失职的概率与下列因素有关：

① α 越大，贿金 αC_2 越高，对地方监管部门的诱惑越大，P_3^* 就越大。

② β 越大，地方监管部门失职收取食品企业的处罚金 βF 越大，食品企业为避免被处罚而重视食品安全，地方监管部门失职的机会 P_3^* 就会减少。

从上面的分析可以看出，地方监管部门如想得到贿金，就必然会想办法降低企业承担处罚金、法律责任等方面的成本。

（4）企业行贿的概率 P_4^*

由 $P_4^* = \dfrac{(\beta - \kappa)F - U_1}{\beta F - \alpha(1 - \kappa)C_2}$ 可知，企业行贿的概率与下列因素有关：

① $\alpha(1-\kappa)C_2$ 越大，P_4^* 越大。即国家给予地方监管部门的激励金与其上缴国库的金额不成比例时，地方监管部门越倾向于截留贿金，于是会产生与食品企业之间的寻租行为，这样食品企业行贿的概率 P_4^* 越大。

② U_1 越大，P_4^* 越小。地方监管部门失职接受贿赂作自身收益时的信誉损失 U_1 越大，地方监管部门越不愿意失去自己的信誉，这样其失职的概率越小，食品企业行贿的概率 P_4^* 也就越小。

4.3 中央监管部门与地方监管部门的动态博弈

地方监管部门出于地方经济利益，可能放松对食品不安全企业的监管行为。作为社会利益的代表，中央监管部门有必要对地方监管部门失职进行监督，以避免地方监管部门和企业的合谋行为，因此中央监管部门与地方监管部门存在着博弈。

4.3.1 模型的假定

①中央监管部门一旦对地方监管部门进行检查，就能查出地方监管部

门是否监管缺位，中央监管部门的监督成本为 C_3。

②当地方监管部门失职时，自身获得收益 ν。中央监管部门发现其失职时，将给予相关地方监管部门人员职务、收入等方面的处罚折合金额 H，并给予部门 $\gamma\nu(\gamma > 1)$ 的罚款。

③在中央监管部门监督下，地方监管部门若失职，则其信誉损失为 U_5，地方监管部门若不失职可获 U_6 的收益。在中央监管部门不监督时，地方监管部门若失职，则导致政府信誉损失 U_7。

表 4-2　　　　　　　　主要指数及参数含义

符号	定　义
C_3	中央监管部门的监督成本
V	地方监管部门失职时获得的收益
H	中央监管部门对地方监管部门失职的职务、收入等方面的处罚
U_5	地方监管部门失职的信誉损失
U_6	地方监管部门若认真监管获得的收益
U_7	中央监管部门不监督地方监管部门失职导致的政府信誉损失

4.3.2　模型的博弈树及其均衡求解

中央监管部门与地方监管部门的博弈树如图 4-2 所示。根据假定条件与博弈树可以确定，图 4-2 中各节点①—④的收益值为（下式左边为中央监管部门，右边为地方监管部门）：

① $(H + \gamma\nu - C_3, \ - H - \gamma\nu - U_5)$

② $(-C_3, \ U_6)$

③ $(-U_7, \ \nu)$

④ $(0, \ 0)$

用 E_5、E_6 分别表示中央监管部门与地方监管部门的期望收益。

$$E_5 = P_5 P_6 (H + \gamma\nu - C_3) + P_5(1 - P_6)(-C_3) + (1 - P_5)P_6(-U_7)$$

$$(4-7)$$

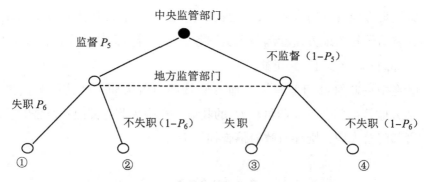

图 4-2　中央监管部门与地方监管部门的博弈树

$$E_6 = P_5 P_6(-H - \gamma \nu - U_5) + P_5(1 - P_6) U_6 + (1 - P_5) P_6 \nu \quad (4-8)$$

对式（4-7）、式（4-8）求一阶条件：

$$\frac{\partial E_5}{\partial P_5} = P_6(H + \gamma \nu - C_3) + (1 - P_6)(-C_3) - P_6(-U_7) = 0$$

$$\frac{\partial E_6}{\partial P_6} = P_5(-H - \gamma \nu - U_5) - P_5 U_6 + (1 - P_5)\nu = 0$$

从而得均衡解为：

$$P_5^* = \frac{\nu}{H + (1 + \gamma)\nu + U_5 + U_6}, \quad P_6^* = \frac{C_3}{H + \gamma V + U_7} \quad (4-9)$$

4.3.3　均衡结果分析

中央监管部门监督的概率为 P_5^*，由 $P_5^* = \dfrac{\nu}{H + (1 + \gamma)\nu + U_5 + U_6}$ 可

知：

①ν 越大，P_5^* 越大。因为 ν 越大说明地方监管部门拥有的权力越大，过大权力没有约束易失控，因此更需要中央监管部门的监督。

②γ 越大，P_5^* 越小。γ 是中央监管部门对失职的地方监管部门的惩罚力度，中央监管部门监督时失职的地方监管部门遭受罚金 $\gamma \nu$ 越大，地方监管部门越不愿失职，这样中央监管部门将会降低其监督的概率。

③H 越大，P_5^* 越小。H 越大，地方监管部门的领导员工越不愿意冒丢失职务、损失收入的危险来失职，因此，此情况下中央监管部门可适当降低监督的概率。

④U_5、U_6 越大，P_5^* 越小。因为地方监管部门关于不失职与失职的选择差异所造成信誉得失差异（$U_5 + U_6 = U_6 - (-U_5)$）越高，地方监管部门在权衡信誉得失后，将会选择认真监管，在这种情况下，就越不需要中央监管部门的监督。

地方监管部门失职的概率为 P_6^*，由 $P_6^* = \dfrac{C_3}{H + \gamma V + U_7}$ 可知：

①C_3 越大，P_6^* 越大。C_3 越大，即中央监管部门的监督成本越高，地方监管部门越认为中央监管部门将不监督，从而地方监管部门越敢于失职。

②H 越大，P_6^* 越小。H 越大，即地方监管部门失职时部门人员职务、收入等方面损失越大，这将制约地方监管部门不失职。

③γ 越大，P_6^* 越小。γ 越大，即中央监管部门惩罚力度 γV 越大，失职的地方监管部门遭受的处罚也将越大，因此地方监管部门越不会失职。

④U_7 越大，P_6^* 越小。中央监管部门不监督可能造成的信誉损失越大，将促使中央监管部门更重视监督行为，也将使地方监管部门降低失职的机会。

4.4 "三鹿奶粉"事件中企业与监管部门博弈分析

2008 年的"三鹿奶粉问题事件"令全国震惊。本研究利用前面构建的动态博弈模型来剖析三鹿存在食品安全问题的原因。

4.4.1 地方监管部门失职与企业行贿分析

在地方监管部门与企业的动态博弈中，由模型均衡解 $P_3^* = \dfrac{\alpha C_2}{\beta F}$ 可知，地方监管部门失职的概率 P_3 与贿金 αC_2 有关，在高贿金 αC_2 面前，地方监管部门失职的概率 P_3 大增，地方监管部门如想得到贿金就必然会想办法降低企业承担处罚金、法律责任等方面的成本。

2004 年 4 月，安徽阜阳"大头娃娃"事件发生后，有关媒体披露了 45 家问题奶粉名单，三鹿榜上有名，此事对三鹿集团打击颇深。全国各地各级执法部门对三鹿婴儿奶粉进行封杀，责令三鹿婴儿奶粉退出市场。但是仅仅过了 17 天，三鹿集团就把自己从问题奶粉名单中拿了下来。这部分过程是：2005 年 4 月 22 日早晨 7 点，三鹿为不合格产品的报道刊出，当天下午，三鹿副总张振岭带队赶到安徽阜阳市，与阜阳市达成了"是相关人员工作失误"的共识，阜阳市同意就此事道歉。4 月 23 日上午，"阜阳市全面开展伪劣奶粉暨工业食品专项整治工作领导小组"召开新闻发布会，发表声明向三鹿集团和新闻媒体道歉，承认将三鹿列入不合格产品名单是工作失误（成松柳，2008）。① 5 月 9 日，原国家质检总局公布对婴儿奶粉产品质量专项抽查，三鹿集团又被列于国内 30 家具有健全的企业质量保证体系的奶粉生产企业名单首位。三鹿奶粉从被检出不合格到阜阳疾控中心向三鹿和媒体道歉，到被列于质量保证体系奶企名单首位，从这一戏剧性的变化中可以看出在企业与监管部门博弈中企业进行了成功的"公关"。

由 $P_4^* = \dfrac{(\beta - \kappa)F - U_1}{\beta F - \alpha(1 - \kappa)C_2}$ 可知，$\alpha(1 - \kappa)C_2$ 越大，P_4^* 越大；即国家给予地方监管部门的激励金与其上缴国库的金额不成比例时，地方监管部门越倾向于截流贿金，产生与食品企业之间的寻租行为。当信誉损失 U_1 越大，失职的概率 P_4^* 越小。在我国，地方监管部门失职将贿赂作为自身收益时，其信誉损失 U_1 很小，如果不是 2008 年的三鹿问题奶粉事件曝光，2004 年的安徽阜阳三鹿婴儿奶粉事件早已被人遗忘，更没有人为之承担责任、损失信誉，可以看出，缺乏严惩加上激励不到位导致地方监管部门失职。

---

① 成松柳. 企业公关与企业伦理［J］. 湖南社会科学，2008（6）：47-50.

如果当初地方监管部门能正确处理"三鹿奶粉阜阳危机事件",及时引导企业重视质量,2008年的三鹿婴儿奶粉事件可能就不会发生,对社会造成的影响不至于如此严重。

4.4.2 企业食品安全行为和地方监管部门检查

2006年,担负着集团全部原辅材料、成品、外来样品检测任务的三鹿集团质检中心获得了国家实验室的认可证书,实现了"一次认可,一个标准,一次检验,全球承认"的目标。获得国家免检产品称号后,三鹿奶粉自2006年起不需要接受地方监管部门检查了。

根据地方监管部门与企业动态博弈模型,当地方监管部门不检查,即 $P_1 = 0$ 时,地方监管部门与企业的期望收益分别为:$E_{21} = (1 - P_2)(-U_4)$,$E_{22} = P_2(-C_2)$。

当 $P_2 = 1$,即企业高度重视产品质量时,$E_{21} = 0$,$E_{22} = -C_2$。

当 $P_2 = 0$,即企业忽视产品质量时,$E_{21} = -U_4$,$E_{22} = 0$。

缺乏监管时,对于企业来说忽视产品质量收益远高过重视产品质量的收益,只顾眼前利益的企业会忽视食品安全;而食品企业忽视食品安全对于地方监管部门和政府部门将造成严重的信誉损失,并形成巨大的社会成本。国家免检制度使三鹿企业缺乏监管,对企业奶粉含三聚氰胺事件起了推波助澜的作用。

三鹿事件促使了我国食品免检制度的取消。三鹿事件后,国家新颁布了《食品安全法》,其中规定:"食品安全监督管理部门对食品不得实施免检。食品生产经营企业可以自行对所生产的食品进行检验,也可以委托符合本法规定的食品检验机构进行检验。食品行业协会等组织、消费者需要委托食品检验机构对食品进行检验的,应当委托符合本法规定的食品检验机构进行。"这彻底消除了食品企业免检制度,消除了缺乏企业自律、政府监管缺位所带来的制度风险。

4.4.3 中央监管部门与地方监管部门的动态博弈

地方监管部门和企业可能由于各自利益共同作出损害人民利益的事

情。三鹿企业与石家庄政府在 2008 年三聚氰胺事件中就有不光彩的行为。2008 年 8 月 2 日，三鹿集团向石家庄市政府报告了奶粉出现问题的情况，而在 8 月 2 日至 9 月 8 日长达 38 天的时间里，大量儿童可能继续被污染奶粉伤害的情况下，企业所在的当地政府并未向其上级河北省委、省政府报告任何关于三鹿奶粉问题，反而帮助企业悄悄处理问题，由于地方政府的迟缓反应以及安全监管部门的监管不力，不仅没及时挽救损失，反而使事态进一步恶化（金乐琴、潘登科，2010）。①

　　政府与地方监管部门动态博弈可分析出地方监管部门失职的原因。由于我国无论是经济激励还是政治激励，都赋予了地方政府提高 GDP 的强劲动力，企业又是地方 GDP 重要的贡献源头，地方政府和企业往往成为利益共同体；体制中又长期存在着只奖励不处罚或重奖励轻惩罚的情形，食品的地方监管部门庞杂，中央监管部门的监督成本较高，对失职的地方监管部门惩罚力度不大；对失职者职务、收入等方面处罚比较轻微；参看我国的司法判例，不少受贿罪是重罪轻判，同时这种判决也助长了工作人员的"寻租"行为。地方监管部门失职时，由于追查不得力，没有证据证明其犯受贿等重罪，只能对其处以轻罪。刑罚过轻可能加剧责任人的"寻租"行为。一旦问题暴露，相关责任人往往仅被撤职，或者易地为官，责任追究难以到位。由 $P_6^* = \dfrac{C_3}{H + \gamma V + U_7}$ 可知，地方监管部门失职的概率 P_6^* 较大。由于我国政府很多信息不能透明公开，使地方监管部门对不失职与失职的选择差异所造成得失的信誉差异（$U_6 - (-U_5)$）较小；因此由 $P_5^* = \dfrac{\nu}{H + (1+\gamma)\nu + U_5 + U_6}$ 可知，在目前的情况下迫切需要提高中央监管部门监督的概率 P_5^*。

　　应通过制度激励，降低监管部门失职行为。从本研究模型中的监管部门与食品生产者博弈分析可知，当监管部门的信誉损失较大时，其失职与

---

　　① 金乐琴，潘登科. 企业社会责任视角下的食品安全分析 [J]. 石家庄经济学院学报，2010，33（2）：102-105.

企业行贿负相关；监管部门失职的信誉损失越大，则越利于阻止企业行贿。通过加大对失职的监管部门的处罚，增加对监管部门不作为的信誉损失，增强违规人员的财产、职位、声誉等损失，实行以薪养廉的制度激励、塑造部门信誉度等手段，可以减少监管部门的不诚信行为。加大对地方监管部门失职的惩罚力度，调整地方监管部门的激励机制，整合监管部门，明确其责任追索制度，避免片面地将以 GDP 为中心的政绩考核作为地方官员升迁依据，使失职者为之付出高昂代价，并增加信息透明度，促进信息公开，才能有效减少地方监管部门失职。

4.5 本 章 小 结

本章通过分析地方监管与食品企业博弈、中央监管与地方监管两级博弈模型，发现目前对于地方监管机构及食品企业的激励主要是负向激励（肖兴志、胡艳芳，2010），[①] 从经济角度看，违法成本过低，导致守法者寡，且存在着政府监管失灵的隐患。只有加大违法成本，借助市场监管这个大平台，在不同的监管职责板块之间构建协同机制，才可能会产生新的创造性的思维与格局，才能真正建立一个诚信的市场机制（冀玮，2020）。[②] 而问责制的引入，可以防止寻租行为，更重要的是可以激励各级监管部门的公职人员认真履行职责（岳中刚[③]，2006），加强对食品安全事故的预防和处理，从而更好地实现政府的监管目标。应从政府、消费者、食品生产企业和第三方机构四个方面来进行综合治理，加强有效监管

[①] 肖兴志，胡艳芳. 中国食品安全监管的激励机制分析 [J]. 中南财经政法大学学报，2010（1）：35-39.

[②] 冀玮. 市场监管中的"安全"监管与"秩序"监管——以食品安全为例 [J]. 中国行政管理，2020（10）：14-20.

[③] 岳中刚. 信息不对称、食品安全与监管制度设计 [J]. 河北经贸大学学报，2006（3）：36-39.

（吴烨，2019）。①

当前，以许可、检查、处罚为主要政策工具的线性监管模式，难以适应新时代食品产业大规模、高质量、差异化等特征。只有超越监管看安全，以产管并重为理念重构市场嵌入型食品安全监管体系，才能实现从监管到治理的范式转变，不断提高人民群众的安全感、获得感、幸福感，构成"食品—市场—监管—产业—治理"的逻辑关联（胡颖廉，2019）。②

---

① 吴烨. 食品安全博弈行为与监管优化策略 [J]. 统计与决策，2019，35（8）：52-55.

② 胡颖廉. 新时代国家食品安全战略：起点、构想和任务 [J]. 学术研究，2019（4）：35-42.

5 食品企业社会责任缺失行为与 消费者惩罚意愿研究

5.1 引 言

企业最重要的利益相关者是消费者。当食品安全事件频频发生，问题产品直接侵害消费者的权益时，消费者会"用脚投票"（杨继生、阳建辉，2017）。① 学者们常在追溯食品安全事件的成因时，将相关企业的行为分为两类，即"无良"和"无知"（周应恒、王二朋，2013）行为。② 前者主要是因为食品生产者败德，而非技术水平决定（李清光等③，2016），后者主因知识、能力、技术装备等缺乏或不足使产品达不到相应标准。无论是"无良"还是"无知"均表现为企业社会责任缺失（Corporate Social Irresponsibility，CSI）。相比于 CSR 中企业进行有限的慈善活动和利他活动，CSI 可能会对广大消费者的健康和生命安全造成巨大影响，对企业造

---

① 杨继生，阳建辉. 企业失责行为与居民的选择性反应——来自上市企业的证据 [J]. 经济学（季刊），2017，16（1）：275-296.

② 周应恒，王二朋. 中国食品安全监管：一个总体框架 [J]. 改革，2013（4）：19-28.

③ 李清光，李勇强，牛亮云，吴林海，洪巍. 中国食品安全事件空间分布特点与变化趋势 [J]. 经济地理，2016（3）：9-16.

成致命打击，并危及产业安全。① 当年三鹿集团也做过很多 CSR 行为，但发生 CSI 事件后所做的好事早已无人提及，"三聚氰胺奶粉"事件已过去十余年了，国人仍对国产奶粉心存疑虑，热衷于购外国品牌。可见，与 CSR 带来的社会福利相比，食品企业社会责任缺失可能给社会造成更大的损失（Ferreira & Ribeiro，2017），② 因此避免 CSI 往往使社会更受益（Windsor，2013）。③

作为企业最重要的利益相关者，消费者的态度和行为影响着企业的生存和发展。消费者在购买产品或服务的过程中越来越重视伦理责任因素（Iglesias et al.，2019）。④ 企业 CSI 事件引发的消费者响应对企业有重要影响（Andersch et al.，2018）。⑤ 当发生产品伤害危机后，消费者对于企业信息的负面感知，会引发消费者的负面情感，最终导致购买意愿的降低（George & Gary，1994），⑥ 并可能会有意无意地做扰乱市场秩序的行为（徐小龙，2013）。⑦ 当消费者怀疑企业社会责任背后的动机时，不仅会降低对企业能力的感知，并且还会影响消费者视角和市场产出视角的品牌资

---

① 周鲜成，贺彩虹. 食品供应链企业社会责任缺失的深层透视 ［J］. 湖南社会科学，2015（2）：126-129.

② Ferreira A I, Ribeiro I. Are You Willing to Pay the Price? The Impact of Corporate Social (Ir) Responsibility on Consumer Behavior Towards National and Foreign Brands ［J］. Journal of Consumer Behavior，2017，16（1）：63-71.

③ Windsor D. Corporate Social Responsibility and Irresponsibility：A Positive Theory Approach ［J］. Journal of Business Research，2013（66）：1937-1944.

④ Iglesias O, Markovic S, Singh J J, et al. Do Customer Perceptions of Corporate Services Brand Ethicality Improve Brand Equity? Considering the Roles of Brand Heritage, Brand Image, and Recognition Benefits ［J］. Journal of Business Ethics，2019，154：441-459.

⑤ Andersch H, Lindenmeier J, Liberatore F, et al. Resistance against Corporate Misconduct：An Analysis of Ethical Ideologies' Direct and Moderating Effects on Different Forms of Active Rebellion ［J］. Journal of Business Economics，2018，88：695-730.

⑥ Siomkos G J, Kurzbard G. The Hidden Crisis in Product-Harm Crisis Management ［J］. European Journal of Marketing，1994，28（2）：30-41.

⑦ 徐小龙. 产品伤害危机下消费者——品牌关系断裂影响因素及作用机制 ［J］. 经济问题探索，2013（5）：162-166.

产（李恺、詹绍文，2020）。①

由于现实中企业社会责任缺失事件不断发生，国内外 CSI 研究及文献逐年增多。但与 CSR 研究领域上万余篇文章相比，CSI 的研究数量颇少，消费者对食品企业 CSI 行为的惩罚意愿研究亦未得到应有的重视（张婷、周延风，2020）②。最早研究 CSI 的文章是出现在 1977 年，由 Armstrong 指出是"没有考虑对不同相关方影响的次优行为决策"，③ Lin-Hi 和 Müller（2013）通过分析相关文献，认为 CSI 就是让其他行为者受损的公司行为。④ 国内学者广泛引用的 CSI 定义是"企业出于自利或其他原因而没有按照社会预期以促进社会总体利益增长的方式来承担社会责任，且对社会造成明显负面影响、危害或损失的企业行为"（姜丽群，2014）。⑤ 对于 CSI 行为与消费者惩罚意愿之间影响机理的研究，无论是对食品安全事件的预防，还是对食品企业和食品安全监管部门应对 CSI 造成的危机都有重要意义（郑义等，2015）。⑥

归因理论（Attribution Theory）是关于消费者针对企业 CSI 行为理论的研究基石（Scheidler & Edinger-Schons，2020）。⑦ 归因理论是关于人们如何解释自己或他人的行为以及这种解释如何影响他们情绪、动机和行为的心理学理论。心理学领域认为，人们面对消极的行为会花更多的时间进行

---

① 李恺，詹绍文．企业社会责任对企业能力感知的影响：社会认知的视角 [J]．河南大学学报（社会科学版），2020，60（6）：28-35.

② 张婷，周延风．消费者视角下企业社会责任缺失研究综述 [J]．管理学季刊，2020，5（2）：117 -118，119，120，121-137，148-149.

③ Armstrong S J. Social Responsibility in Management [J]. Journal of Business Research，1977，5（3）：185-213.

④ Lin-Hi N，Müller K. The CSR Bottom Line：Preventing Corporate Social Irresponsibility [J]. Journal of Business Research，2013，66（10）：1928-1936.

⑤ 姜丽群．国外企业社会责任缺失研究述评 [J]．外国经济与管理，2014，36（2）：13-23.

⑥ 郑义，林恩惠，余建辉．食品安全事件后消费者购买行为的演化博弈 [J]．华南农业大学学报（社会科学版），2015，14（2）：84-92.

⑦ Scheidler S，Edinger-Schons L M. Partners in Crime? The Impact of Consumers' Culpability for Corporate Social Irresponsibility on their Boycott Attitude [J]. Journal of Business Research，2020，109：607-620.

思考且反应更加激烈（Fisted & Tavlor，2013）。① 社会心理学的归因理论认为可通过观察他人的行为推断出行为的原因及其因果关系。许多学者将归因理论与消费者 CSR 响应结合起来，认为对 CSR 的归因会影响到消费者对该品牌后续的态度与购买行为（Skarmeas & Leonid，2013；Ellen & Webb，2016）。②③ 而消费者对于企业 CSI 事件也会产生归因判断（田敏，萧庆龙，2016），④ 当事件是由内部可控原因引起时，人们倾向于认定组织负有不可推卸的责任，当事件是由外部不可控制原因引起时，人们会降低对组织应该承担责任的估计（刘永芳，2010）。⑤ Roehm 和 Tybout 等（2006）指出，消费者对于因能力不足而引起的负面行为较易谅解，对道德缺失引起的负面行为就很难原谅。⑥ 陈通等（2017）通过网络 Python 软件对消费者在互联网上对食品安全事件的评论进行抓取分析证明，相对于能力不足，消费者对企业努力不足的归因会产生更加负面的态度。⑦

本章基于期望理论与归因理论，从食品安全视角出发，构建企业 CSI 行为不同责任归因对消费者惩罚意愿的影响模型，以探讨不同的 CSI 责任归因与消费者惩罚意愿的关系，从而更好地预防食品安全事件发生，促进食品企业可持续发展。

---

① Fiske S T, Taylor S E. Social Cognition：from Brains to Culture [M]. Boston：Mc Graw-Hill Higher Education，2008.

② Skarmeas D, Leonidou C N. When Consumer Doubt, Watch out! The Role of CSR Skepticism [J]. Journal of Business Research，2013，66（10）：1831-1838.

③ Ellen P S, Webb D J, Mohr L A. Building Corporate Associations：Consumer Attributions for Corporate Socially Responsible Programs [J]. Journal of the Academy of Marketing Science，2006，34（2）：147-157.

④ 田敏，萧庆龙. 基于 CSR 的消费者质量感知及信任对消费者支持的影响 [J]. 中国流通经济，2016，30（1）：79-87.

⑤ 刘永芳. 归因理论及其应用 [M]. 上海：上海教育出版社，2010.

⑥ Roehm M L, Tybout A M. When will a Brand Scandal Spill over, and How should Competitors Respond [J]. Journal of Marketing Research，2006（3）：366-373.

⑦ 陈通，青平，刘贝贝. 农产品伤害危机中消费者责任归因研究 [J]. 华中农业大学学报（社会科学版），2017（6）：79-86，151.

5.2 研究假设及模型

食品企业积极的 CSR 行为能让消费者认可其强势品牌，从而产生强烈购买意愿（孙小丽，2019）。① 对于判断企业是否履行了 CSR，消费者往往更易受负面消息的影响（Herr et al.，1991）。② 而食品安全事件发生后，消费者感受到权益受侵害，进而产生不安、愤怒等情绪，继而发生拒绝购买、传播负向评价、投诉等惩罚行为（胡颖廉，2020）。③ 消费者惩罚意愿指："消费者因企业的行为与消费者个人目标相背，而对此企业产生采取负面行为的意愿。"（Vernon et al.，2013）④ 对违背社会规范和社会道德的人和事，人们往往会进行惩罚（Fehr & Cachter，2002）。⑤ 有学者研究消费者对于 CSI 行为的反应采用美德、负面口碑和抗议行为等变量（Grappi，Romani & Bagozzi，2013）。⑥ 消费者对 CSR 的感知会加强消费者抵制行为的发生（邓新明等，2017）。⑦ 社会感知风险、心理感知风险和

---

① 孙小丽．企业社会责任与品牌价值的关系研究——基于食品行业消费者购买意愿的实证分析 [J]．价格理论与实践，2019（7）：116-119．

② Herr P M, Kardes F R, Kim J. Effects of Word-of-Mouth and Product-Attribute Information on Persuasion：An Accessibility-Diagnosticity Perspective [J]. Journal of Consumer Research, 1991（4）：454-462.

③ 胡颖廉．国家治理现代化中的食品安全：起点、体系和任务 [J]．宏观质量研究，2020，8（2）：9-18．

④ Vernon H, Sweetin L L, Knowles J H, et al. Willingness-to-Punish the Corporate Brand for Corporate Social Irresponsibility [J]. Journal of Business Research, 2013（10）：1822-1830.

⑤ Fehr E, Gachter S. Altruistic Punishment in Humans [J]. Nature, 2002, 415（6868）：137-140.

⑥ Grappi S, Romani S, Bagozzi R P. Consumer Response to Corporate Irresponsible Behavior：Moral Emotions and Virtues [J]. Journal of Business Research, 2013（10）：1814-1821.

⑦ 邓新明，龙贤义，刘禹，等．善行必定有善报吗——消费者抵制企业社会责任行为的内在机理研究 [J]．南开管理评论，2017（6）：129-139．

服务感知风险三者对购买意愿的影响呈递减态势（张亚明等，2020）。①

基于周应恒等学者的研究，本研究将食品企业的 CSI 行为按照责任归因划分为"能力不足"和"道德缺失"两类型，"能力不足"是指由于食品企业在生产、加工、运输和销售等各个供应链环节的技术和设备落后，未能发现存在的安全缺陷和质量风险隐患，以及由于非人为因素引起的食品质量安全事件；"道德缺失"是指食品企业盲目追求短期利润，在知情的情况下，无视企业社会责任，在生产和加工过程中以假乱真、以次充好，违规滥用添加剂等行为。研究提出以下假设：

H1：企业 CSI 行为两类归因均对消费者惩罚意愿产生正向影响，且影响程度有差异，相对于"能力不足"行为，消费者对"道德缺失"行为的惩罚意愿更高。

虽然归因理论能较系统地解释责任归因对消费者感知的影响，但是在复杂的环境中，影响消费者感知的其他因素也需要进一步考虑。期望理论假定人都是有思想、有理性的，对自己的生活和事业有既定的信念和基本的预测，该理论是由美国心理学家弗鲁姆（Vroom）1964 年在《工作与激励》中提出。许多学者将这一理论用于消费者行为研究之中，认为消费者对产品或服务会带有期望，并且这一期望值是影响消费者决策和行为的重要因素（Mewilliams & Siegel，2001）。② 消费者对企业社会责任有相当高的期望（Mohr & Webb，2001）。③ 消费者产生满意与否的关键，在于产品绩效感知与产品期望之间的比较。当感知绩效高于消费者的期望时产生满意，当感知绩效低于消费者期望时会产生不满意（Oliver，1980）。④ "消

① 张亚明，苏妍嫄，张圆圆．负面在线评论对消费者感知风险影响研究［J］．河北经贸大学学报，2020（1）：100-108．

② Mewilliams A，Siegel D．Corporate Social Responsibility，A Theory of The Firm Perspective［J］．Academy of Management Review，2001，26（1）：117-127．

③ Mohr L A，Webb D J，Harris K E．Do Consumers Expect Companies to be Socially Responsible? The Impact of Corporate Social Responsibility on Buying Behavior［J］．Journal of Consumer Affairs，2001，35（1）：45-72．

④ Oliver R L．A Cognitive Model of the Antecedents and Consequences of Satisfaction Decisions［J］．Journal of Marketing Research，1980（4）：460-469．

费者 CSI 感知"是指消费者对企业 CSI 行为的主观感知和评价，CSI 感知值越高，则消费者对企业 CSI 行为的不满情绪越强，认为该行为越严重、越不可原谅，反之亦然。随着社会公众对企业的期望不断提高，消费者对存在 CSI 行为的企业会更加严厉地抵制和惩罚。由于一般企业生存发展压力很大，缺乏进行长期 CSR 行为的动力（Ciliberti et al.，2008），① 而大型企业有能力建立起标准化、制度化和常态化的 CSR 机制（郭毅等，2013），② 因此消费者往往对大型企业实施 CSR 有更高的期望，如果大企业不但没有履行社会责任，反而发生了社会责任缺失的行为，会受到消费者更严厉的谴责和抵制（王仙雅、毛文娟，2015）。③

因此，本研究将企业 CSI 行为的两类型作为自变量；将消费者 CSI 感知按企业规模分为"大型企业"和"一般企业"两类作为中介变量，消费者惩罚意愿作为结果变量，构建模型探讨企业 CSI 行为不同责任归因对消费者惩罚意愿影响（见图 5-1），并提出以下假设：

H2：企业"道德缺失"行为对消费者 CSI 感知产生正向影响，且影响程度有差异，消费者对大型企业"道德缺失"行为的 CSI 感知更高。

H3：企业"能力不足"行为对消费者 CSI 感知产生正向影响，且影响程度有差异，消费者对大型企业"能力不足"行为的 CSI 感知更高。

H4：相对于企业"能力不足"行为，消费者对企业"道德缺失"行为的 CSI 感知更高。

H5：消费者 CSI 感知在企业 CSI 行为与消费者惩罚意愿的关系中起中介作用。

① Ciliberti F, Pontrandolfo P, Scozzi B. Investigating Corporate Social Responsibility in Supply Chains：A SME Perspective [J]. Journal of Cleaner Production, 2008, 16 (15)：1579-1588.

② 郭毅，丰乐明，刘寅. 企业规模、资本结构与供应链社会责任风险 [J]. 科研管理，2013，34 (6)：84-90.

③ 王仙雅，毛文娟. 消费者对企业社会责任缺失行为的感知——消费者归因和期望的影响 [J]. 北京理工大学学报（社会科学版），2015，17 (6)：74-80，112.

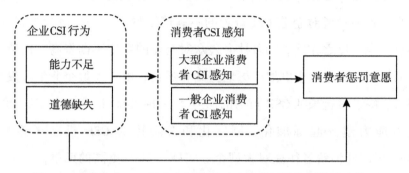

图 5-1　食品企业 CSI 行为责任归因对消费者惩罚意愿的影响模型

5.3　实证过程

5.3.1　问卷设计和变量衡量

本研究采用情境模拟问卷，借鉴国内外学者成熟量表和测量题项，对每个结构变量设计了多个测度项，使其适用于食品行业的相关背景与特点，以保证调查问卷的内容效度。

问卷包括三部分内容，一是分别针对企业"道德缺失"与"能力不足"设置情景材料；"道德缺失"行为的情境材料为：据媒体报道，A 市发生一起重大食品安全事件，多名消费者在食用某一食品企业生产的"×××"系列食品后出现不同程度的身体不适，经调查，是由于某一食品企业明知原材料过期变质的情况下，为了节省成本，公司仍然将已过保质期且变质的原材料用来生产食品。"能力不足"行为的情境材料为：据媒体报道，A 市发生一起重大食品安全事件，多名消费者在食用某一企业生产的"×××"系列食品后出现不同程度的身体不适。经调查，是由于该食品企业在购进原材料时未能检测出其某种细菌超标，并直接用于生产食品。二是关于变量"道德缺失""能力不足"、消费者 CSI 感知、消费者惩罚意愿的测度项，参考方正①的研究分别对"能力不足""道德缺失"进行测量，中介变量消费者 CSI 感知参考王仙雅和毛文娟的问卷，对因变量消费者惩罚意愿的测量参考 Grappi 等（2013）② 的研究。问卷运用李克特五级量表，对变量的赋值均从 1—5 进行排列，从低到高依次为"非常不同意""不同意""一般""同意""非常同意"。三是研究样本的人口统计特征，包括性别、年龄、文化程度、月收入等。

问卷初稿完成后征求相关学者的意见，根据反馈的信息调整问卷，进行小范围预调研，依据反馈结果完善问卷，最终形成包含 30 个测度项的量表。样本采集方式包括网上调查与实地调研两部分，对食品消费者进行随机抽样调查，一方面利用微信、QQ、邮件等软件发放问卷，另一方面选取广州市住宅区、购物中心、超级市场和大型连锁快餐店等地点实地调研。问卷发放时间为 2019 年 1 月 31 日至 2 月 15 日，调查对象涵盖不同性别、年龄、文化程度、职业和月收入的消费者（问卷请见附件 3）。

5.3.2 数据分析

本次网上调查和实地调研共发放问卷 380 份，共计收到问卷 357 份，回收率为 93.9%。有效问卷 342 份，即问卷有效率为 95.8%。问卷回收后，运用 SPSS 16.0 来进行资料分析和假设检验。

（1）描述性统计

根据样本构成（见表 5-1），本研究的统计对象中，男性占 37.1%，女性占 62.9%。学历为初中或以下 7.3%，高中 4.7%，大专 30.4%，大学本科 44.4%，研究生或以上 16.4%，年龄处于 21~29 岁 61.4%，30~39 岁占 14.0%，企业员工占 38.3%，学生占 31.9%，机关、事业单位职工占 14.9%，月收入 4500 元以上占 60.2%。可见调查对象多为较年轻、文化程度

---

① 方正，江明华，杨洋，李蔚. 产品伤害危机应对策略对品牌资产的影响研究——企业声誉与危机类型的调节作用 [J]. 管理世界，2010（12）：105-118，142.

② Grappi S, Romani S, Bagozzi R P. Consumer Response to Corporate Irresponsible Behavior：Moral Emotions and Virtues [J]. Journal of Business Research, 2013（10）：1814-1821.

较高的消费者，这类消费者在收入和消费方面相对更加稳定，且更易对调查问卷的把握和理解。综上所述，调研样本具有一定的代表性与可靠性。

表 5-1 样本描述性统计分析（N=342）

调查项目		样本数	占比（%）
性别	男	127	37.1
	女	215	62.9
年龄	20 岁以下	25	7.3
	21~29 岁	210	61.4
	30~39 岁	48	14
	40~49 岁	23	6.7
	50~59 岁	23	6.7
	60 岁以上	13	3.8
文化程度	初中或以下	14	4.1
	高中	16	4.7
	大学专科	104	30.4
	大学本科	152	44.4
	研究生或以上	56	16.4
职业	机关、事业单位职工	51	14.9
	企业员工	131	38.3
	私营业主	26	7.6
	离退休人员	13	3.8
	学生	109	31.9
	其他	12	3.5
收入	4500 元以下	136	39.8
	4501~6000 元	98	28.7
	6001~8000 元	61	17.8
	8001~12000 元	29	8.5
	12000 元以上	18	5.2

（2）信度效度分析

本研究采用 SPSS 24.0 对收集到的样本数据进行信度检验，分析得出本量表各变量的 Cronbach's α 处于 0.812 与 0.923 之间，均高于 0.8，说明具有较好的信度。运用 SmartPLS 软件进行验证性因子分析，每个因子的平均抽取方差（Average Variance Extracted，AVE）值均高于 0.5，表示量表各结构变量的收敛效度较好。此外，变量的复合信度（CR）值在 0.867 与 0.928 之间，大于 0.8，表明本量表的内部一致性较好。

表 5-2   量表信度与效度分析

变量名称	测度项	标准负载	AVE	CR	Cronbach's α 值	删除项后的 Cronbach's α 值
道德缺失（M）	M1	0.844	0.731	0.916	0.876	0.846
	M2	0.835				0.848
	M3	0.905				0.811
	M4	0.833				0.859
领军企业 消费者 CSI 感知 （MH）	MH1	0.903	0.816	0.916	0.885	0.844
	MH2	0.921				0.805
	MH3	0.886				0.861
一般企业 消费者 CSI 感知 （ML）	ML1	0.886	0.810	0.928	0.884	0.834
	ML2	0.931				0.771
	ML3	0.882				0.891
消费者惩罚 意愿（MB）	MB1	0.652	0.566	0.866	0.812	0.797
	MB2	0.790				0.785
	MB3	0.713				0.769
	MB4	0.851				0.732
	MB5	0.741				0.785
能力不足（C）	C1	0.845	0.700	0.902	0.851	0.812
	C2	0.858				0.791
	C3	0.909				0.761
	C4	0.718				0.871

续表

变量名称	测度项	标准负载	AVE	CR	Cronbach's α 值	删除项后的 Cronbach's α 值
领军企业 消费者 CSI 感知 （CH）	CH1	0.926	0.848	0.944	0.905	0.854
	CH2	0.938				0.833
	CH3	0.899				0.908
一般企业 消费者 CSI 感知 （CL）	CL1	0.936	0.874	0.954	0.928	0.886
	CL2	0.947				0.873
	CL3	0.921				0.925
消费者惩罚 意愿（CB）	CB1	0.689	0.637	0.897	0.858	0.865
	CB2	0.852				0.830
	CB3	0.824				0.820
	CB4	0.840				0.802
	CB5	0.7728				0.821

本研究的区别效度如表5-3、表5-4所示，各变量的平均抽取方差的平方根，即对角线上的数字，均大于相应的相关系数。因此可以表明本研究各变量之间的区别效度较好。

表5-3　　　　　　　　　道德缺失量表区别效度分析

	M	MH	ML	MB
M	0.855			
MH	0.761	0.903		
ML	0.573	0.738	0.900	
MB	0.130	0.131	0.180	0.752

注：M 为道德缺失；MH 为领军企业消费者 CSI 感知；ML 为一般企业消费者 CSI 感知；MB 为消费者惩罚意愿。

表 5-4　　　　　　　　　　　能力不足量表区别效度分析

	C	CH	CL	CB
C	0.837			
CH	0.700	0.921		
CL	0.558	0.764	0.935	
CB	0.153	0.148	0.182	0.798

注：C 为能力不足；CH 为领军企业消费者 CSI 感知；CL 为一般企业消费者 CSI 感知；CB 为消费者惩罚意愿。

5.3.3　假设检验

(1) 主效应检验

将数据分成道德缺失组和能力不足两组，通过回归分析法来检验两种行为对于消费者惩罚意愿的影响，差异性分析采用配对样本 T 检验对两组消费者惩罚意愿进行。

结果如表 5-5 所示，CSI 的两种行为对消费者惩罚意愿均具有正向的影响（$\beta_{道德缺失}=0.111$，$P<0.05$；$\beta_{能力不足}=0.136$，$P<0.05$）并且影响程度有差异（均值 3.64>3.56，$t=1.403$，$P<0.001$），消费者对道德缺失的惩罚意愿更高，假设 H1 得到了验证。

表 5-5　　　　　企业 CSI 行为责任归因对消费者惩罚意愿的影响

企业 CSI 行为分组	消费者惩罚意愿		
	标准化回归系数 β	均值	T 检验
道德缺失组	0.111*	3.64	1.403***
能力不足组	0.136*	3.56	

注：*** 代表 $P\leqslant0.001$，** 代表 $P\leqslant0.01$，* 代表 $P\leqslant0.05$。因变量为消费者惩罚意愿；自变量为道德缺失、能力不足。

（2）责任归因对消费者 CSI 感知的影响

配对样本 T 检验的结果表明，道德缺失与能力不足对大型企业消费者 CSI 感知存在显著的差异影响，即相对于能力不足行为，消费者对道德缺失的 CSI 感知更高（4.29>4.16，T=2.574，P<0.05）。但道德缺失与能力不足行为均发生在一般企业时，消费者 CSI 感知的差异较小（4.0>3.95，T=8.23，P>0.05）。假设 H4 成立，检验结果如表 5-6 所示：消费者的 CSI 感知会因为责任归因的不同而有所差异，且这一差异受到企业规模的影响，在大型企业中，与能力不足行为相比，消费者对道德缺失行为的 CSI 感知更高；在一般企业中消费者对道德缺失行为与能力不足行为的 CSI 感知差异较小。

表 5-6 　　　　　　　　　　　CSI 感知的对比分析

CSI 行为责任归因	大型企业消费者 CSI 感知			一般企业消费者 CSI 感知		
	标准化回归系数 β	均值	T 检验	标准化回归系数 β	均值	T 检验
道德缺失	0.758 ***	4.29	2.574 *	0.566 ***	4.0	8.23
能力不足	0.691 ***	4.16		0.557 ***	3.95	

注：*** 代表 $P \leqslant 0.001$，** 代表 $P \leqslant 0.01$，* 代表 $P \leqslant 0.05$。

（3）消费者 CSI 感知的影响的中介效应检验

检验企业 CSI 行为不同责任归因下消费者 CSI 感知对消费者惩罚意愿的影响，以及是否存在显著差异，从行业大型企业与一般企业两个维度来分析消费者 CSI 感知。检验方法为逐步回归法，分别构建回归方程：①中介变量对自变量的回归方程；②因变量对中介变量的回归方程；③因变量对自变量和中介变量的回归方程。检验其回归系数的显著性，同时采用配对样本 T 检验对 2 个组别的消费者 CSI 感知进行差异性分析。结果如表 5-7、表 5-8 所示：

表 5-7   模型回归的检验

模型		未标准化系数		标准化系数	t	R^2	显著性
		B	标准误差	Beta			
$M1-Y$	（常量）	3.170	0.229		13.835	0.010	0.000
	大型企业消费者 CSI 感知	0.110	0.052	0.113	2.101		0.036
$M2-Y$	（常量）	3.049	0.200		15.222		0.000
	一般企业消费者 CSI 感知	0.148	0.049	0.162	3.030	0.023	0.003
$X*M1-Y$	（常量）	3.119	0.240		12.980		0.000
	道德缺失	0.057	0.081	0.058	0.704	0.008	0.482
	大型企业消费者 CSI 感知	0.067	0.080	0.069	0.835		0.404
$X*M2-Y$	（常量）	2.995	0.238		12.591		0.000
	道德缺失	0.027	0.063	0.028	0.427	0.021	0.670
	一般企业消费者 CSI 感知	0.134	0.059	0.146	2.254		0.025
$M1-Y$	（常量）	3.086	0.225		13.686		0.000
	大型企业消费者 CSI 感知	0.116	0.053	0.118	2.191	0.475	0.029
$M2-Y$	（常量）	2.935	0.209		14.052		0.000
	一般企业消费者 CSI 感知	0.160	0.052	0.166	3.113	0.308	0.002
$X*M1-Y$	（常量）	2.955	0.244		12.130		0.000
	能力不足	0.110	0.078	0.105	1.413		0.159
	大型企业消费者 CSI 感知	0.045	0.073	0.045	0.611	0.475	0.541

续表

模型		未标准化系数		标准化系数	t	R^2	显著性
		B	标准误差	Beta			
$X*M2-Y$	（常量）	2.811	0.244		11.522		0.000
	能力不足	0.066	0.067	0.063	0.984		0.326
	一般企业消费者 CSI 感知	0.126	0.062	0.131	2.036	0.025	0.042

表 5-8　　　　　CSI 行为责任归因对消费者 CSI 感知的影响

消费者 CSI 感知	道德缺失			能力不足		
	标准化回归系数 β	均值	T 检验	标准化回归系数 β	均值	T 检验
大型企业	0.758***	4.29	8.688***	0.691***	4.16	6.263***
一般企业	0.566***	4.00		0.557***	3.95	

注：*** 代表 $P \leq 0.001$，** 代表 $P \leq 0.01$，* 代表 $P \leq 0.05$。

通过第一步中介变量对于自变量的回归检验可以得知，道德缺失对大型企业消费者 CSI 感知与一般企业消费者 CSI 感知均产生显著的正向影响（$\beta_{大型企业} = 0.758$，$P < 0.001$；$\beta_{一般企业} = 0.566$，$P < 0.001$）且影响程度有差别（4.29>4.00，$t = 8.688$），消费者对大型企业的道德缺失行为 CSI 感知更高，假设 H2 得到验证。能力不足归因下消费者对大型企业 CSI 感知与一般企业 CSI 感知均产生显著的正向影响（$\beta_{大型企业} = 0.691$，$P < 0.001$；$\beta_{一般企业} = 0.557$，$P < 0.001$）且影响程度有差别（4.16>3.95，$t = 6.263$），消费者对大型企业能力不足行为的 CSI 感知更高，假设 H3 得到验证。

通过第二步检验因变量对中介变量的影响，回归结果显示：在道德缺失归因下，大型企业消费者 CSI 感知对消费惩罚意愿有显著的正向影响（$\beta_{大型企业} = 0.113$，$P < 0.05$）；一般企业消费者 CSI 感知对消费者惩罚意愿有显著正向影响（$\beta_{一般企业} = 0.162$，$P < 0.01$）。在能力不足归因下，大型企

业消费者 CSI 感知对消费者惩罚意愿有显著的正向影响（$\beta_{大型企业}=0.118$，$P<0.05$）；一般企业消费者 CSI 感知对消费者惩罚意愿有显著正向影响（$\beta_{一般企业}=0.166$，$P<0.01$）。

最后检验消费者 CSI 感知的中介作用，经回归分析发现，一般企业消费者 CSI 感知在道德缺失与消费者惩罚意愿的关系中起中介作用（$\beta_{一般企业}=0.146$，$P<0.05$），且道德缺失的 P 值 $=0.670>0.05$，不显著，为完全中介效应；在回归分析中发现大型企业消费者 CSI 感知的中介效应不显著（$\beta_{大型企业}=0.069$，$P>0.05$），进一步进行 Soble 检验，Soble 值 $=0.039<0.05$，双侧 P 值 $=0.031<0.05$，表明大型企业消费者 CSI 感知在道德缺失与消费者惩罚意愿中起到中介作用。

一般企业消费者 CSI 感知在能力不足与消费者惩罚意愿的关系中起到中介作用（$\beta_{一般企业}=0.131$，$P=0.042<0.05$），且能力不足的 P 值 $=0.326>0.05$，不显著，为完全中介效应；在回归分析中发现大型企业消费者 CSI 感知的中介效应不显著（$\beta_{大型企业}=0.045$，$P=0.541>0.05$），对其进行进一步的 Sobel 检验，Sobel 值 $=0.036<0.05$，双侧 P 值 $=0.027<0.05$。结合道德缺失归因下消费者 CSI 感知的中介效应检验结果，假设 H5 成立。假设检验结果见表 5-9。

表 5-9　　　　　　　　　　假设检验结果

	变量检验	结论
H1	企业 CSI 行为两类归因均对消费者惩罚意愿产生正向影响，且影响程度有差异，相对于能力不足行为，消费者对道德缺失行为的惩罚意愿更高	成立
H2	道德缺失行为对消费者 CSI 感知产生正向影响，且影响程度有差异，消费者对领军企业道德缺失行为的 CSI 感知更高	成立
H3	能力不足行为对消费者 CSI 感知产生正向影响，且影响程度有差异，消费者对领军企业能力不足行为的 CSI 感知更高	成立
H4	相对于能力不足行为，消费者对道德缺失行为的 CSI 感知更高	成立
H5	消费者 CSI 感知在企业 CSI 行为与消费者惩罚意愿的关系中起中介作用	成立

5.4 本章小结

5.4.1 研究结论

本研究将企业社会责任缺失行为按照不同责任归因，实证分析食品企业"道德缺失"行为与"能力不足"行为对消费者惩罚意愿的影响，结果显示，本研究提出的5个假设均得到支持，根据实证得出以下结论：

（1）企业 CSI 行为对消费者惩罚意愿有正向显著影响

无论食品安全事件的发生是由于"道德缺失"还是"能力不足"，只要消费者感知到自身的利益受到损害，就倾向运用手中的权利惩罚相关失责企业，从而维护自身的权益。即使能力不足导致的食品安全事件不是企业主观意愿导致的，但由于食品企业产品的特殊性，导致两种归因对消费者带来的实质性损害并无差别。因此对于能力不足导致的食品安全事件，不能认为消费者会因为同情，就对失责企业网开一面。

研究还显示，消费者对"能力不足"和"道德缺失"这两种 CSI 行为的惩罚意愿存在差异，即消费者对"道德缺失"导致的食品安全事件有更强的惩罚意愿。这一结果可解释，当社会公众将企业 CSI 行为归咎于故意行为时，会因为对企业价值观、道德观的谴责而强化对失责事件的负面印象，进而表现出对品牌更强烈的负面态度。

（2）大型企业的 CSI 行为对消费者 CSI 感知有显著正向影响

"能力不足"和"道德缺失"两类行为均发生在大型企业的情况下，消费者会认为"道德缺失"引起的食品安全事件危害性更大。两类行为均发生在一般企业的情况下，两者并无明显差别。这一结果可用消费者 CSR 期望来进一步解释，消费者对大型企业有更高的社会责任期望，认为行业中大型企业应承担更多的社会责任，作榜样作表率。因此，当这些大型企业发生 CSI 行为时，由于消费者的高期望所带来的落差就会越大，进而引起强烈的负向情绪，加重对企业 CSI 感知的程度。而中小型企业由于资源有限，倾向于将资源用于解决企业生产和发展的关键问题，对长期进行企业社会责任建设缺乏动力，消费者也并未对其有着过高的 CSR 期望，当这类企业发生 CSI 行为时，消费者并不会因此产生过高的负向情绪，本结论与 Zhang 等（2014）的研究结论一致。①

（3）消费者 CSI 感知起中介作用

发生食品安全事件后，由于事件的主体是企业，做出惩罚行为的主体是消费者，两者之间存在一定的信息不对称。食品具有搜寻品、经验品和信任品的特性，决定了其质量鉴别存在一定的滞后，消费者往往在因食用劣质食品产生了身体不适才能对食品质量做出判定。这可用心理学领域当中的"刺激-机体-反应"（SOR）理论来解释，即外部环境的刺激会影响个体内在的心理状态，进而引起个体反应。食品安全事件的发生到消费者做出具体行动是一个复杂的过程，人们面对消极的行为往往会花更多的时间进行思考，消费者首先会根据已有的信息进行初步判断，即分析事件原因是"道德缺失"还是"能力不足"，以及发生 CSI 行为的企业规模、事件的严重程度等并根据这些信息做出反应。

5.4.2　研究启示

本章研究发现，消费者对企业 CSI 行为的惩罚意愿受到 CSI 行为的责任归因与消费者 CSI 感知的双重影响，消费者 CSI 感知受到企业规模的影响。本研究认为以下问题应加以重视：

（1）食品企业应该严守道德底线

企业切不可为逐利而忽视消费者与社会整体利益，否则消费者会利用手中的"货币选票"与法律赋予的其他权利对企业实行惩罚。道德是消费者的底线，企业一旦出现道德败坏的行为，消费者会对其有更严厉的惩罚

---

① Zhang D, Jiang Q, Ma X, et al. Drivers for Food Risk Management and Corporate Social Responsibility: A Case of Chinese Food Companies [J]. Journal of Cleaner Production, 2014（66）：520-527.

行为。

（2）企业应该加强自身的管理与技术进步

企业应对产品负责，避免因管理或技术等能力不足的原因造成食品安全事件，对产品生产和供应链上的各个环节严加管理，充分检测，确保食品质量安全。行业中的大型企业应发挥在行业中的引领作用，在"不做坏事"的基础上承担更多的社会责任。

（3）政府作为监管机构应进一步完善法律法规

政府应出台有效的政策和法规加大对食品企业失责行为的惩罚力度，严加打击蓄意钻法律漏洞的企业和个人，增加企业的失责成本。同时，出台提高消费者监督的管理机制，通过简化消费者投诉、举证、索赔等流程，为消费者提供一个可积极履行监督权力的环境，从而发挥社会公众的监督作用。

5.4.3 研究不足

本研究的因变量是消费者惩罚意愿，意愿与最终的行动往往存在着一定的差距，特别是中国这一社会情境下，对失责企业进行诉讼、索赔、消费维权等需要耗费巨大的时间与精力。许多消费者存在"多一事不如少一事"的观点，消费者的惩罚意愿是否能够对失责企业造成实质性的影响，影响程度有多少，这是未来需要进一步探讨的问题。

6 食品企业社会责任行为与管理者道德研究

6.1 引　　言

本书第三章的实证分析验证了企业内部的道德动力可以有效促使企业追求食品安全，这印证了食品企业"良心企业"的称谓。本章以企业家道德领导为出发点，分析企业组织信任度对组织公民行为（Organizational Citizenship Behavior，OCB）的影响，从而探讨管理者道德如何内化为食品企业社会责任行为。相关研究涉及道德领导、组织信任和组织公民行为等概念及文献。

6.1.1 道德领导

企业家道德行为是指企业家对他人需求做出的社会化回应（Kohlberg，1969）。① 我国的管理者道德行为应以儒家文化的"以仁为本"来定义，"仁"的行为包括提升自身道德水平、关怀员工与消费者、承担社会责

---

① Kohlberg L. The Child as a Moral Philosopher [J]. Psychology Today, 1969, 2 (9)：25-30.

任（朱德贵，2019）。① 道德领导能提供企业在生产中的精神资源，推动企业的可持续发展（王小锡，2011），② 在企业的绩效管理、计划、考核、改进中发挥积极作用（王明杰，2017）。③ 管理者特质和言行能对员工施加道德影响力，进而在企业中形成良好的道德氛围，实现企业的技术、文化、理念的创新（赵立，2012）。④

在中国情境下，企业实现与社会的双赢来源于企业家自身对卓越追求的道德驱动力（童泽林等，2015）。⑤ 政治、经济的成功不仅仅是用国内生产总值等数字来表示，而应广泛考虑社会责任行为，道德判断更需要在团队和个体两个层面纳入人类福祉的其他信息（Brall et al.，2016）。⑥ 在声誉良好的状态下，企业内在动机的正向影响往往强于外在动机（王斌会，2020）。⑦ 通过组织垂直的管理层次，领导者的特征和行为得以自上而下传递，从而引发下属和团队陆续表现出相同特征和行为（王震等，2015）。⑧ 道德领导可能会使员工与企业之间的社会认同、社会交换行为加强，同时组织间的信任度变得更为重要，组织信任在组织和员工间、组织成员间会更加富有成效。

企业家行为动机的归因会影响他们对该行为的反应和前瞻性预测，结

---

① 朱德贵. 新时代中国商业伦理精神 [M]. 北京：社会科学文献出版社，2019.

② 王小锡. 论道德的经济价值 [J]. 中国社会科学，2011（4）：55-66，221.

③ 王明杰. 企业家道德资本对绩效管理作用机制分析 [J]. 商业经济与管理，2017（11）：40-48.

④ 赵立. 中小企业家的道德影响力：理论与实证检验 [J]. 管理世界，2012（4）：183-185.

⑤ 童泽林，黄静，张欣瑞，朱丽娅，周南. 企业家公德和私德行为的消费者反应：差序格局的文化影响 [J]. 管理世界，2015（4）：103-111，125，188.

⑥ Brall C, Schröder-Bäck P, Brand H. The Economic Crisis and Its Ethical Relevance for Public Health in Europe—An Analysis in the Perspective of the Capability Approach [J]. Central European Journal of Public Health, 2016, 24（1）：3-8.

⑦ 王斌会. 新媒体时代突发公共事件中出版企业社会责任与社会效益契合探析 [J]. 科技与出版，2020（3）：96-98.

⑧ 王震，许灏颖，杜晨朵. 领导学研究中的下行传递效应：表现、机制与条件 [J]. 心理科学进展，2015，23（6）：1079-1094.

果可划分为主要影响内部或外部的利益相关者，基于资源保存理论视角，不同的责任归因会对组织成员情绪与行为产生影响（陈宏辉等，2020）。① 给予员工关怀的领导行为会促进员工信任领导，进一步认同企业，进而正向影响员工绩效，提高产品和服务的质量（于桂兰，2017）。② 面对员工，拥有仁慈型领导风格的企业家可以通过打造和谐团结的工作氛围，给消费者传递产品高质量的信号，进而提升消费者的产品质量感知（黄苏萍、马珊子，2019）。③

根据差序格局理论，因为自身有限的资源，企业会按照一定的等级顺序施行伦理道德行为，即企业根据利益相关者的亲疏远近分配有限的资源（周飞舟，2018）。④ 从组织层面上看，股东是差序格局中的"自己"，因为企业经营的目标是使股东的利益最大化；在中国本土情景下，企业家普遍使用家长式领导行为管理员工（张永军，2017），⑤ 员工是差序格局中的"家人"。

从社会交换理论的视角出发，企业社会责任是基于企业与社会其他成员之间的社会资源交换关系成立的，企业依托自身经济资源优势与能力优势，有效选择相应的社会责任实践范式，能够形成战略意识形态下的共同组织场域（顾雷雷等，2020）。⑥

---

① 陈宏辉，薛姗，张麟. 企业承担社会责任对员工情绪耗竭的缓解机制：一个被调节的中介模型 [J]. 中山大学学报（社会科学版），2020，60（3）：196-207.

② 于桂兰，姚军梅，张蓝戈. 家长式领导、员工信任及工作绩效的关系研究 [J]. 东北师大学报（哲学社会科学版），2017（2）：125-129.

③ 黄苏萍，马珊子，刘军. 霹雳手段还是菩萨心肠？刻板印象下企业家领导风格与产品质量感知关系的研究 [J]. 管理世界，2019，35（9）：101-115，194，199-200.

④ 周飞舟. 行动伦理与"关系社会"——社会学中国化的路径 [J]. 社会学研究，2018，33（1）：41-62，243.

⑤ 张永军，张鹏程，赵君. 家长式领导对员工亲组织非伦理行为的影响：基于传统性的调节效应 [J]. 南开管理评论，2017，20（2）：169-179.

⑥ 顾雷雷，郭建鸾，王鸿宇. 企业社会责任、融资约束与企业金融化 [J]. 金融研究，2020（2）：109-127.

6.1.2 组织信任

信任具有脆弱性,是信任方对被信任方行为具有积极期望而愿意接受被信任方(Mayer et al.,1995)。① 组织信任是一种重要的社会资本,具有关系性、互惠性、动态性及背叛性等积极与消极特征(刘超等,2020),② 有助于减轻组织内部摩擦力和增强组织内聚力。无论大、小企业都需要组织信任的存在,其中利益激励强度由利益损益程度和利益依赖程度决定,认同程度则由血缘联系、群体互动和组织信任制约(刘义强、姜胜辉,2019)。③ 企业家可以通过自身的学习和实践,不断提高道德认知水平,且得到组织成员各方面的理解和支持,从而更好地履行社会责任(冯臻,2014)。④

本研究认为,组织信任是组织信任方与被信任方心理情感上的亲密认同,平等、自愿地结合在一起,从而获得个体与个体、个体与组织、组织与组织之间的协同成长,具体表现为组织成员对直接领导的信任、对高层领导、同事的信任、对所在企业的信任以及企业与企业之间的信任。

6.1.3 组织公民行为

组织公民行为指组织成员自发形成的,虽然没有被包含在组织正式的奖惩制度内,但却有利于组织生存和发展的行为(Organ,2018)。⑤ 组织

① Mayer R C, Davis J H, Schoorman F D. An Integrative Model of Organizational Trust [J]. Academy of Management Review, 1995, 20 (3): 709-734.

② 刘超,陈春花,刘军,朱丽,梅亮. 组织间信任的研究述评与未来展望 [J]. 学术研究,2020 (3): 95-104, 177-178.

③ 刘义强,姜胜辉. 利益与认同:村民政治参与的边界及转换——基于佛山市4个村庄村级治理的实证调查 [J]. 华中师范大学学报 (人文社会科学版),2019,58 (6): 53-59.

④ 冯臻. 企业社会责任行动实施过程影响因素实证研究——基于计划行为理论视角 [J]. 企业经济,2014 (4): 48-51.

⑤ Organ D W. Organizational Citizenship Behavior: Recent Trends and Developments [J]. Annual Review of Organizational Psychology and Organizational Behavior, 2018, 80: 295-306.

公民行为积极影响团队绩效和企业成长。作为组织最直接的代表，领导所作所为以及其对待员工的态度会影响员工在组织内的直接感受（吴琴等，2020）。①

组织公民行为可分为两个维度，即组织内个体和组织间。组织内个体的公民行为包括助人行为、对组织忠诚、对组织服从、个体主动性、公民美德、自我发展等，其中与他人共享想法和理念体现了公民美德、自我发展、个体主动性，向外界传递所在组织的正向形象、考虑组织的总体受益、在困难时刻对组织不离不弃体现了对组织忠诚（Podsakoff，2016）。② 组织间的公民行为指信息交换、灵活性、帮助、正向口碑、留存倾向等，其中"正向口碑"指组织愿意向外界传递有关对方的正面信息，通过维持已有关系减少重新建立关系所需投资；"留存倾向"指组织在合同期满后仍愿意与对方续约、继续开展交换，这也为对方组织吸引更多潜在合作者，减少现有关系破裂带来的风险（翟森竞等，2012）。③ 组织公民行为的本质要素是心理契约（申燕，2018）。④

6.1.4　小结

目前国内外对于道德领导、组织信任、组织公民行为已有一定的研究，认为企业 CSR 践行需要承担多方面的责任，包括对员工的责任、对社会的责任、对环境的责任等，但研究多为服务业和制造业上的微观深入，关于食品企业是否能够在 CSR 上展开道德领导尚且少见。对此，本章借助文献研究，结合实证分析来探讨道德领导在食品企业社会责任承担上的作用，从而揭示食品安全的企业内部运行机制。

---

① 吴琴，张骁，李嘉，贺凤娟. 领导亲社会倾向对员工组织公民行为影响的跨层次研究 [J]. 管理学报，2020，17（10）：1470-1477.

② Podsakoff P M. Self-Reports in Organizational Research：Problems and Prospects [J]. Journal of Management，2016，12（4）：531-544.

③ 翟森竞，黄沛，高维和. "组织间公民行为"及其发生机制：关系契约与心理契约的共同作用 [J]. 上海管理科学，2012，34（3）：80-84.

④ 申燕. 心理契约对组织公民行为的影响机制 [M]. 北京：中国纺织出版社，2018.

6.2 研究假设与模型

6.2.1 研究假设

从前面的文献可知,食品企业家道德领导与组织公民行为之间存在相互交织、相互提升的关系。组织互动视角下的道德领导能为员工提供更多的引导、信任与鼓励,为员工做出良好榜样,使得新员工在潜移默化中受到感染,从而使得新员工主动快速融入组织,努力实现组织的目标和使命(毛凯贤、李超平,2018)。[①] 道德领导对于下属公平感知、工作满意度、组织承诺以及组织公民行为具有正向影响,而且会激发亲社会和额外角色的行为(韩亮亮、张彩悦,2015)。[②] 即管理者在管理中起示范引领作用,能够影响员工关于 CSR 的认知。由此,提出以下假设:

H1:直接领导的道德领导行为正相关于员工 CSR 认知。

H2:员工有关领导的 CSR 认知与员工组织信任度显著相关。

食品企业管理者对 CSR 行为的引领,会提升员工对企业、对直接领导的信任,使员工相信企业会为了社会中各相关利益主体的福祉着想,从而积极践行责任担当。由此,提出以下假设:

H3:员工对组织的信任间接影响组织公民行为,组织信任与组织公民行为中员工责任担当呈正相关关系。

从其他学者的文献研究可知,管理者负责任的道德导向和行为将强化员工的责任担当,使得员工产生亲组织行为,并激励个人从自身做起,积极承担责任,甚至产生自发性回报行为,如向外界传递正向形象、内在主

---

① 毛凯贤,李超平. 互动视角下道德领导与主动性人格影响新员工敬业度的作用机制 [J]. 科学学与科学技术管理,2018,39(12):156-170.

② 韩亮亮,张彩悦. 道德领导力对下属工作态度及行为的影响——基于公平感知的中介作用 [J]. 软科学,2015,29(6):86-89,125.

动担责、考虑组织总体受益而自发采取的"传帮带"新人、提升同事间的合作默契、困难时刻对组织不离不弃等角色外行为。相反，一旦组织和员工之间的信任度降低，员工们可能只求达到岗位描述中规定的最低要求，甚至产生假公济私、争权夺利等现象而不愿承担责任。由此，提出以下假设：

H4：组织公民行为中员工的责任担当和同事、其他个体之间的关系具有显著性。

H5：组织公民行为中员工的责任担当和企业整体之间的关系具有显著性。

基于以上分析，从道德领导到员工组织信任度、组织公民行为中员工的责任担当，再到企业员工和组织的公民行为，是一条相互影响的长链条。因此，本研究模型如图 6-1 所示。

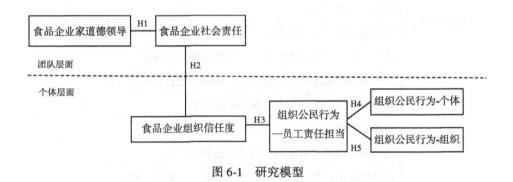

图 6-1　研究模型

6.2.2　研究变量测量

结合现有国内外道德领导与 CSR 文献，对比信誉指数法、单项或多项指标评价法、企业报告分析法以及问卷调查法四种企业社会责任测量方式的优缺点，本研究采用问卷调查法进行相应研究。问卷分别从道德领导力、CSR、组织信任、OCB 四大维度展开研究。

（1）企业家道德领导测量

对于企业家道德领导的测量维度，不同学者有不同的观点。由于

Brown 等（2005）的研究中量表结构简单且能较好反映道德领导行为，综合考虑后，本研究参考其 ELS 单维度的道德领导构念，此单维度道德领导量表包含 10 个题项（见表 6-1），分别为：①倾听员工心声；②处罚违背伦理道德标准的员工；③以符合伦理道德方式约束自己的行为；④时刻为员工利益着想；⑤进行公平合理决策；⑥值得信任；⑦与员工讨论商业道德规范和价值观相关问题；⑧以伦理道德为标准处理各项事务为员工树立榜样；⑨不仅注重员工完成任务的结果还关注员工完成任务的过程是否规范；⑩做决策时是否经再三考虑及是否正确。

表 6-1 道德领导测量量表

变量名称	测 量 题 项
道德领导	我能够倾听员工的声音
	我会处罚违反道德规范的员工
道德领导	我会以符合伦理道德的方式引导自己的个人生活
	我能够心存员工的利益最大化，做出公正且合理的决策
	我能够引导组织成员做事情的正确方式
	我能够被信任
	我会和组织成员讨论商业道德规范和价值观
	在道德方面，我能够按照伦理道德的要求来树立榜样
	我在评价成功与否时，不仅会看结果，还会看获得结果的方式
	我在做决策时，会问"到底什么才是真正应该做的？"

（2）企业社会责任测量

对于企业社会责任的测量维度，由于利益相关者理论视角涵盖对多种利益主体的关注，能够更加全面具体地对企业进行各个方面的企业社会责任考察，因此，本研究参考 Turker（2009）[1] 所开发的测量问卷，通过归

---

[1] Turker D. Measuring Corporate Social Responsibility: A Scale Development Study [J]. Journal of Business Ethics, 2009, 85: 411-427.

纳整合，选取了 42 个题项中的 22 个题项作为本研究的量表，其中包括员工责任、产品责任、诚信公正责任、慈善公益责任和环境责任（见表 6-2）。

表 6-2　　　　　　　　　　企业社会责任测量量表

变量名称		测量题项
CSR	员工责任	企业实行灵活的政策，使员工工作与生活得到平衡
		与员工有关的管理决策都是公平的
		管理过程中首先考虑员工的需求和期望
		为所有员工提供了平等的机会
		为员工提供合理的工资待遇
		鼓励员工技能及职业发展，支持希望获得额外教育的员工
CSR	产品责任	我们公司的主要原则之一，就是为顾客提供高质量的产品
		我们的产品符合国家及国际的标准
		综合来讲我们的产品具有强大的市场竞争力
		我们公司为客户提供了全面准确的产品信息
	诚信公正责任	我们公司的所有事项都是合法的
		公众眼中我们企业是个受尊敬且值得信赖的公司
		企业坦诚的处理每一项事务
		在一些企业社会责任项目中，企业与竞争对手合作
		我们公司始终避免不正当竞争
	慈善公益责任	我们公司支持那些在困难地方工作的非政府组织
		我们公司向慈善机构捐赠大量资金
		我们公司捐赠那些可以提升社区福利的活动及项目
		我们公司参与了为改善将来社会福利的研发项目
	环境责任	我们公司采取一些特殊的手段与措施来尽量减少对自然环境的负面影响
		我们公司参与那些以保护并改善环境为目的的活动
		我们公司拥有必要的设备以减少对环境的负面影响

（3）组织信任测量

组织信任是员工心中对组织持有的信心和支持的情感，其影响因素包括员工对领导和对组织的信任。在此定义的基础上，由于 Robinson（1996）所开发的组织信任量表具有整体性，① 因此本研究选取其作为测量工具，该量表为单一维度，其中包含 7 个题项（见表6-3）。

表6-3　　　　　　　　　　组织信任测量量表

变量名称	测 量 题 项
组织信任	我相信我所在企业领导是非常正直的
	我认为我所在企业领导对待我的态度是一致的、可靠的
	我所在企业是诚实可信的
	总的来说，我相信企业的动机和意图是好的
	我完全相信我所在企业
	我认为我所在企业组织之间是坦率、直接的
	我认为我所在企业组织间能够公平处理事务

（4）组织公民行为测量

通过查阅国内外相关文献发现，对于 OCB 的测量维度，不同的组织公民行为定义产生了不同的测量量表。由于本研究的 OCB 侧重于组织成员的自觉表现，对此本研究采用 Farh、Earley 和 Lin（1997）所开发的测量量表，该量表包括五个维度，共 20 个题项。② Colquitt（2007）等学者认为组织信任与组织公民行为之间的关系取决于员工愿意承担风险和责任的程度，③ Louise Tourigny（2019）等学者提出只有在员工信任组织，并通过参

① Robinson L. Trust and Breach of the Psychological Contract [J]. Administrative Science Quarterly, 1996, (41): 574-599.

② Farh J L, Earley P C, Lin S C. Impetus for Action: A Cultural Analysis of Justice and Organizational Citizenship Behavior in Chinese Socicty [J]. Administrative Science Quarterly, 1997: 421-444.

③ Colquitt J A, Scott B A, LePine J A. Trust, Trustworthiness, and Trust Propensity: A Meta-Analytic Test of Their Unique Relationships With Risk Taking and Job Performance [J]. Journal of Applied Psychology, 2007, 92 (4): 909-927.

与组织公民行为为组织的发展承担个人责任时，组织公民行为才能持续。①
于是本研究将公司行为、利他行为、个人主动性整合为员工责任担当，将
人际协调划分为 OCB-个体，将保护公司资源划分为 OCB-组织（见表6-4）。

表6-4　　　　　　　　　　　组织公民行为测量量表

变量名称		测量题项
组织公民行为	公司认同	我会努力维护企业形象，并积极参与有关的活动
		我会主动宣传企业的优点，或澄清他人对企业的误解
		我会主动提出建设性的改善方案，供本企业有关部门参考
		我会以积极的态度参与企业的相关会议
	利他行为	我愿意帮助组织新成员，使其更好地适应企业环境
		我愿意帮助组织成员解决工作中的相关问题
		如果需要的话，我愿意分担或代理组织成员的工作
		我愿意与组织成员沟通协商
	个人主动性	即使没有人注意且不会留下任何证据，我也会随时遵守企业的规定
		我对工作认真负责，并且很少出错
		我从不挑选工作，并且愿意接受新的或是困难的任务
		我会为了提升工作品质，而努力自我充实
		我经常提早到达企业，并开始工作
	人际协调	有些组织成员在企业内争权夺利，以致破坏组织和谐
		有些组织成员假公济私，利用职权为个人谋利
		有些组织成员斤斤计较，争功邀赏，不惜抗争以获得个人私利
		有些组织成员经常在背后议论领导或是其他成员的隐私
	保护公司资源	经常有人利用工作时间处理个人事务
		经常有人利用企业资源处理个人事务
		经常有人借口请假，并视此为一项福利

---

① Tourigny L, Han J, Baba V V, et al. Ethical Leadership and Corporate Social Responsibility in China: A Multilevel Study of Their Effects on Trust and Organizational Citizenship Behavior [J]. Journal of Business Ethics, 2019, 158 (2): 427-440.

6.3 研究样本

6.3.1 小样本预测

本研究使用上述题项设计问卷（问卷请见附件4和5），首先进行小样本预测试以保证本次调查的测量样本能够进行后续调查分析。问卷采用李克特七点量表进行测量，根据题项描述与自己实际情况或感受的符合程度，从选项"（1）""（2）""（3）""（4）""（5）""（6）"到"（7）"完全不赞同到完全赞同进行综合评分。

本次小样本调查主要在食品企业管理者和员工中进行，研究发放问卷共38份，发放对象主要为本研究作者参与的2020年珠海市新型职业农民培训所接触到的食品企业，回收问卷38份，有效样本数为38份。其中，有效样本中管理者样本占11份，男性占比为63.64%，女性占比为36.36%，样本中硕士及以上学历为36.36%，以中高层管理者为主，大部分为"已婚"，占比为54.55%；有效样本中员工样本占27份，年龄在35岁以下的人数居多，占据88%，涉入调查的员工包含技术型员工、管理型员工、服务型员工和项目型员工，拥有大专和本科学历的人占调查人数的一大半，工作年限在1~3年的人数占63%，其次是4~5年，占22%。

通过预调研，对组织信任、OCB量表进行检验得到，除"总的来说，我相信企业的动机和意图是好的"题项，根据项删除后的信度系数显示，大多是小于总体的标准化信度系数0.942，信度系数的取值范围在0与1之间，越接近1可靠性越高。因此，对信度维度的题目略做调整剩余6个题项；在道德领导上总体的标准化信度系数为0.967，根据项删除后的信度系数可以看出，除"我会处罚违反道德规范的员工"题项与专业预期不符以外，其他题项均满足预期对应关系，小于总体的0.967，因而删除题项作调整，最终剩余9个题项与预期对应关系良好；在CSR上总体的标准化信度系数为 0.96，根据项删除后的信度系数可以看出，除"我们公司的所有事项都是合法的""我们公司支持那些在困难地方工作的非政府组织"题项略高于总体标准化信度系数，其他题项均满足预期对应关系，因而删除题项作调整，最终剩余 20 个题项与预期对应关系良好。

6.3.2　大样本调查

基于本研究的研究框架，本研究大样本关于道德领导与 CSR 的调查采用管理者和员工两个版本的问卷进行调查研究，每份问卷共分为三个部分。其一，管理者问卷包括基本信息、道德领导和 CSR 测量量表及管理者对于 CSR 的见解反馈。其二，员工问卷包括基本信息、组织信任和 OCB 测量量表及组织成员对于其所在 CSR 的意见和建议反馈。问卷以线上"问卷星"填写和线下纸质版填写方式相结合，在食品企业管理者和员工自愿参与调查的前提下，由被调查企业相关负责人的协助，将问卷分发给每个小的工作团队中的管理者和员工完成。

6.4　实证结果与分析

本调研在校友及朋友关系网的合力帮助下完成，派发对象为牧原食品股份有限公司、正邦集团有限公司等食品企业，问卷自 2021 年 2 月 8 日发放至 2021 年 3 月 9 日收回，共获得 320 份，其中管理者版本问卷共 70 份，员工版本问卷共 250 份，剔除无效问卷，得到有效问卷 318 份，有效率为 99.4%。

6.4.1　描述性统计

管理者样本的描述性统计信息见表 6-5，从中可以看出，管理者 70 个样本中，男性比例为 54%，女性比例为 46%。年龄段在 26～35 岁的群体较多。在教育程度方面，60% 的人完成了本科学业，26% 的人完成了大专学业，13%的人拥有硕士及以上学历。其中34%的人工作年限为6~10年，29%的人为10年以上。已婚群体占56%，未婚群体占41%，离异群体较少。

表6-5　　　　　　管理者样本描述性统计分析（*N*=70）

变量	选项	频率	百分比	平均值	标准差
性别	男	38	54%	1.46	0.50
	女	32	46%		
年龄段	25岁或以下	8	11%	2.40	0.89
	26~35岁	37	53%		
	36~45岁	14	20%		
	46岁以上	11	16%		
教育程度	高中及以下	1	1%	2.84	0.65
	大专	18	26%		
	本科	42	60%		
	硕士及以上	9	13%		
工作类型	基层领导	35	50%	1.66	0.74
	中层领导	24	34%		
	高层领导	11	16%		
工作年限	1年以下	5	7%	3.63	1.24
	1~3年	10	14%		
	4~5年	11	16%		
	6~10年	24	34%		
	10年以上	20	29%		
婚姻状况	未婚	29	41%	1.61	0.55
	已婚	39	56%		
	离异	2	3%		

从表 6-6 员工样本描述性统计分析中可看出，员工中女性占 63%，男性占 37%。年龄段在 25 岁或以下的人群占据一半，26~35 岁群体的员工占 34%。从表 6-7 工作类型频率分析可知，5 个选项共被选择了 316 次，其中从事生产型员工有 17 人，技术型员工 71 人，管理型员工 96 人，服务型员工 94 人，项目型员工 38 人。由此，38.7% 的人属于管理型员工，37.9% 的人属于服务型员工，28.6% 的人属于技术型员工，15.3% 的人属于项目型员工，6.9% 的人属于生产型员工。教育水平总体较高，本科学历的人群占据 69%。工作年限在 1 年以下，1~3 年的人数占据 75%，未婚的人群占较大比重，为 74%。

表 6-6　　　　　　　　员工样本描述性统计分析 （N=248）

变量	选项	频率	百分比	平均值	标准差
性别	男	92	37%	1.63	0.484
	女	156	63%		
年龄段	25 岁或以下	136	55%	1.59	0.753
	26~35 岁	84	34%		
	36~45 岁	22	9%		
	46 岁以上	6	2%		
教育程度	高中及以下	14	6%	2.9	0.684
	大专	29	12%		
	本科	172	69%		
	硕士及以上	33	13%		
工作年限	1 年以下	105	42%	1.99	1.124
	1~3 年	81	33%		
	4~5 年	32	13%		
	6~10 年	19	8%		
	10 年以上	11	4%		
婚姻状况	未婚	183	74%	1.27	0.463
	已婚	63	25%		
	离异	2	1%		

表 6-7   工作类型频率分析（员工版）

选型		个案数	个案百分比
您在本企业属于	生产型员工	17	6.90%
	技术型员工	71	28.60%
	管理型员工	96	38.70%
	服务型员工	94	37.90%
	项目型员工	38	15.30%
总计		316	100.00%

注：使用了值 1 对二分组进行制表。

6.4.2 信度检验

（1）道德领导信度分析

根据表 6-8 可以看出，道德领导的信度分析的数值特征中，总体信度系数的取值范围在 0 与 1 之间，且接近 1，道德领导标准化后的 α 数值为 0.952，可信度较高，项删除后的信度系数表明，内部一致性也较好。

表 6-8   道德领导信度检验

选项	删除项后的标度平均值	删除项后的标度方差	修正后的项与总计相关性	平方多重相关性	删除项后的克隆巴赫 α	标准化后的 α
我能够倾听员工的声音	48.66	68.345	0.688	0.616	0.952	
我会以符合伦理道德的方式引导自己的个人生活	48.41	70.449	0.748	0.727	0.948	0.952
我能够心存员工的利益最大化，做出公正且合理的决策	48.69	67.117	0.851	0.793	0.943	

续表

选项	删除项后的标度平均值	删除项后的标度方差	修正后的项与总计相关性	平方多重相关性	删除项后的克隆巴赫 α	标准化后的 α
我能够指导组织成员做事情的正确方式	48.59	67.435	0.874	0.845	0.942	
我能够被信任	48.61	66.617	0.836	0.754	0.944	
我会和组织成员讨论商业道德规范和价值观	48.7	65.17	0.796	0.684	0.946	
在道德方面，我能够按照伦理道德的要求来树立榜样	48.51	69.21	0.79	0.711	0.946	0.952
我在评价成功与否时，不仅会看结果，还会看获得结果的方式	48.57	66.712	0.838	0.771	0.944	
我在做决策时，会问"到底什么才是真正应该做的?"	48.63	66.092	0.851	0.813	0.943	

(2) 企业社会责任信度分析

CSR 的信度分析的数值特征中，总体信度系数的取值范围在 0 与 1 之间，且接近 1，企业社会责任标准化后的 α 数值为 0.976，可信度较高，项删除后的信度系数均小于 α 数值，内部一致性也较好。信度检验见表 6-9。

表 6-9 　　　　　　　　　　**CSR 信度检验**

选项	删除项后的标度平均值	删除项后的标度方差	修正后的项与总计相关性	平方多重相关性	删除项后的克隆巴赫 α	标准化后的 α
企业实行灵活的政策，使员工工作与生活得到平衡	109.60	515.055	0.837	0.872	0.973	0.976
与员工有关的管理决策都是公平的	109.83	512.202	0.801	0.888	0.973	
管理过程中首先考虑员工的需求和期望	109.90	513.686	0.813	0.841	0.973	
为所有员工提供平等的机会	109.51	512.659	0.863	0.909	0.973	
为员工提供合理的工资待遇	109.59	511.087	0.844	0.883	0.973	
鼓励员工技能及职业发展，支持希望获得额外教育的员工	109.53	513.615	0.830	0.913	0.973	
我们公司的主要原则之一，就是为顾客提供高质量的产品	109.43	515.147	0.791	0.843	0.974	
我们的产品符合国家及国际的标准	109.29	519.366	0.706	0.824	0.974	
综合来讲我们的产品具有强大的市场竞争力	109.41	520.652	0.806	0.892	0.973	

续表

选项	删除项后的标度平均值	删除项后的标度方差	修正后的项与总计相关性	平方多重相关性	删除项后的克隆巴赫 α	标准化后的 α
我们公司为客户提供了全面准确的产品信息	109.37	522.295	0.787	0.873	0.974	
公众眼中我们企业是个受尊敬且值得信赖的公司	109.53	515.499	0.774	0.88	0.974	
企业坦诚地处理每一项事务	109.44	514.540	0.831	0.923	0.973	
在一些企业社会责任项目中，企业与竞争对手合作	109.43	523.031	0.791	0.756	0.974	
我们公司始终避免不正当竞争	109.56	515.120	0.814	0.834	0.973	
我们公司捐赠那些可以提升社区福利的活动及项目	109.66	507.011	0.798	0.878	0.973	0.976
我们公司参与了为改善将来社会福利的研发项目	109.93	504.502	0.831	0.877	0.973	
我们公司采取一些特殊的手段与措施来尽量减少对自然环境的负面影响	109.80	505.322	0.84	0.914	0.973	
我们公司参与那些以保护并改善环境为目的的活动	109.73	500.143	0.854	0.937	0.973	
我们公司拥有必要的设备以减少对环境的负面影响	109.76	503.694	0.816	0.898	0.973	

CSR 的信度分析的数值特征中，总体信度系数的取值范围在 0 与 1 之间，且接近 1，企业社会责任标准化后的 α 数值为 0.976，可信度较高，项删除后的信度系数均小于 α 数值，内部一致性也较好。

（3）组织信任信度分析

组织信任的信度分析的数值特征中，总体信度系数的取值范围在 0 与 1 之间，且接近 1，组织信任标准化后的 α 数值为 0.934，可信度较高，项删除后的信度系数均小于 α 数值，内部一致性也较好（见表 6-10）。

表 6-10　　　　　　　　　　**组织信任信度检验**

选项	删除项后的标度平均值	删除项后的标度方差	修正后的项与总计相关性	平方多重相关性	删除项后的克隆巴赫 α	标准化后的 α
我相信我所在企业是非常正直的	25.97	33.704	0.820	0.685	0.918	
我认为我所在企业对待我的态度是一致的、可靠的	26.07	33.400	0.802	0.689	0.920	
我所在企业总是诚实可信的	25.94	33.401	0.802	0.687	0.920	0.934
我认为我所在企业对我是坦率、直接的	26.17	32.819	0.819	0.688	0.918	
我完全相信我所在企业	26.39	31.713	0.803	0.684	0.921	
我认为我所在的企业能够公平地对待我	26.22	33.013	0.773	0.630	0.924	

（4）组织公民行为信度分析

OCB 信度分析的数值特征中，总体信度系数的取值范围在 0 与 1 之间，且接近 1，组织信任标准化后的 α 数值为 0.914，可信度较高，项删除后的信度系数均小于 α 数值，内部一致性也较好（见表 6-11）。

表 6-11　　　　　　　　　　　　　　　　**OCB 信度检验**

选项	删除项后的标度平均值	删除项后的标度方差	修正后的项与总计相关性	平方多重相关性	删除项后的克隆巴赫 α	标准化后的 α
我会努力维护企业形象，并积极参与有关的活动	97.67	259.087	0.546	0.745	0.902	
我会主动宣传企业的优点，或澄清他人对企业的误解	97.82	259.056	0.510	0.625	0.902	
我会主动提出建设性的改善方案，供本企业有关部门参考	97.91	258.227	0.537	0.670	0.902	
我会以积极的态度参与企业的相关会议	97.69	258.735	0.575	0.670	0.901	
我愿意帮助组织新成员，使其更好地适应企业环境	97.56	257.964	0.615	0.768	0.900	0.914
如果需要的话，我愿意分担或代理组织成员的工作	97.77	256.712	0.577	0.623	0.901	
即使没有人注意且不会留下任何证据，我也会随时遵守企业的规定	97.63	257.434	0.554	0.628	0.901	
我对工作认真负责，并且很少出错	97.75	257.225	0.600	0.658	0.900	
我从不挑选工作，并且愿意接受新的或是困难的任务	97.93	257.533	0.553	0.586	0.901	

续表

选项	删除项后的标度平均值	删除项后的标度方差	修正后的项与总计相关性	平方多重相关性	删除项后的克隆巴赫 α	标准化后的 α
我会为了提升工作品质，而努力自我充实	97.58	258.495	0.579	0.663	0.901	
我经常提早到达企业，并开始工作	98.10	258.240	0.494	0.430	0.903	
有些组织成员在企业内争权夺利，以至于破坏组织和谐	98.68	250.461	0.539	0.707	0.902	
有些组织成员假公济私，利用职权为个人谋利	98.86	248.178	0.560	0.847	0.901	
有些组织成员斤斤计较，争功邀赏，不惜抗争以获得个人私利	98.85	250.543	0.519	0.830	0.903	0.914
有些组织成员经常在背后讨论领导或是其他成员的隐私	98.86	248.705	0.536	0.790	0.902	
经常有人利用工作时间处理个人事务	98.72	252.511	0.492	0.785	0.903	
经常有人利用企业资源处理个人事务	98.95	250.439	0.540	0.820	0.902	
经常有人借口请假，并视此为一项福利	99.00	249.988	0.509	0.803	0.903	

（5）总体信度系数

根据表 6-12 可以看出，道德领导与企业社会责任的调查中，管理者版标准化后的克隆巴赫系数为 0.976，员工版标准化后的克隆巴赫系数为 0.935，说明问卷总体的可信度非常高。

表 6-12　　　　　　　　　　　　**总体信度系数**

	克隆巴赫 α	基于标准化项的克隆巴赫 α	项数
领导版	0.975	0.976	29
员工版	0.927	0.935	26

6.4.3　效度检验

验证性因素分析（Confirmitory Factor Analysls），与"探索性因素分析"相对，强调验证理论分析结果的可靠性，是一种效度的证明，且是一种非常具有数理基础的效度。通过阅读学者们的大量文献，本书的问卷题项选择验证性因素分析来构建结构方程模型以建构效度，检验是否与前人学者的结果相一致。将研究变量分为潜在变项、观察变项和残差（不可解释变异），潜在变项由椭圆形表示，指的是内心深处不可捉摸、不好测量的概念，观察变项由长方形表示，侧面反映出潜在变项，而"潜在变项→观察变项"也表明了内在心里面的动机和想法是关键源头，也因为有了这些潜在的动机和想法，所以才产生了某些行为动作。

基于因素负荷量在统计学的标准，道德领导的因素负荷量至少要达到 0.5 的水准，理想中要达到 0.7，由图 6-2 可以看到道德领导的因素负荷量均达到理想水平，因此道德领导具有收敛效度，验证性因素（CFA）较好；基于 output 的信赖区间，由图可以看出均没有出现 1，且 e1 与 e3，e2 与 e4、e7、e9，e3 与 e9，e4 与 e1 存在逻辑联系，可以产生共变关系。

道德领导的结构维度中，卡方 CMIN/DF 参考标准是大于 0，理想标准值是小于 5，小于 3 更好，由表 6-13 可以看出卡方值为 1.224，为理想标准值；拟合优度指数 GFI 介于标准范围 0 与 1 之间，且大于 0.9 处

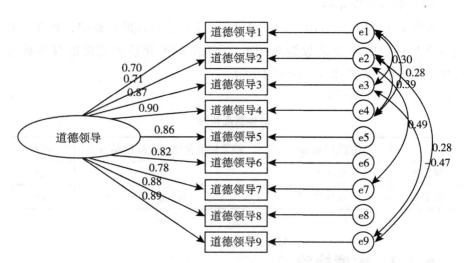

图 6-2　道德领导单因子模型验证性因子分析结果

于理想标准值；调整的拟合优度指数 AGFI 虽未达到理想标准值大于
0.85，但相差不大，亦可接受；近似指数误差均方根 RMSEA 数值为
0.057，大于 0 且小于 0.1，处于理想标准值范围；规范拟合指数 NFI =
0.959、增量拟合指数 IFI = 0.992、非规范拟合指数（塔克-刘易斯指数）
TLI = 0.986 均大于 0.9 的理想标准值，道德领导的一维模型整体拟合情
况较好（见表 6-13）。

表 6-13　　　　道德领导的结构维度的验证结果　（N=70）

模型	最小样本差异	自由度	卡方值	近似指数误差均方根	拟合优度指数	调整拟合优度指数	比较拟合指数	规范拟合指数	非规范拟合指数	增量拟合指数
预设模式	25.701	21	1.224	0.057	0.928	0.846	0.992	0.959	0.986	0.992

　　道德领导的聚合效度（平均提取方差值）AVE 的标准是大于 0.5，组
合信度 CR 的标准是大于 0.8，由表 6-14 可以看出，道德领导的聚合性较
好，组合信度较高。

表6-14 道德领导量表的路径系数、内部一致性效度、组合信度的显著性检验

路　　径			标准化回归系数	估计参数的标准误	检验统计量（临界比）	显著性	平均提取方差值	组合信度
道德领导1	<---	道德领导	0.701				0.685	0.950
道德领导2	<---	道德领导	0.710	0.146	5.647	***		
道德领导3	<---	道德领导	0.872	0.140	8.019	***	0.685	0.950
道德领导4	<---	道德领导	0.903	0.172	6.488	***		
道德领导5	<---	道德领导	0.862	0.170	6.829	***		
道德领导6	<---	道德领导	0.818	0.191	6.505	***		
道德领导7	<---	道德领导	0.783	0.151	6.236	***		
道德领导8	<---	道德领导	0.875	0.169	6.931	***		
道德领导9	<---	道德领导	0.894	0.174	7.046	***		

　　基于 CSR 因素负荷量的数值，可以看到 CSR 的因素负荷量均达到 0.7 的理想水平，因此 CSR 具有收敛效度，验证性因素（CFA）较好。

表6-15　初始模型企业社会责任结构维度的验证结果（$N=70$）

模型	最小样本差异	自由度	卡方值	近似指数误差均方根	拟合优度指数	调整拟合优度指数	比较拟合指数	规范拟合指数	非规范拟合指数	增量拟合指数
预设模式	525.654	160	3.285	0.182	0.565	0.429	0.565	0.739	0.762	0.803

　　图6-3是企业社会责任五因子模型，从初始模型拟合结果看，虽然卡方 CMIN/DF 值处于合格水平，但拟合优度指数 GFI、调整的拟合优度指数 AGFI、近似指数误差均方根 RMSEA 数值、规范拟合指数 NFI、增量拟合指数 IFI、非规范拟合指数（塔克-刘易斯指数）TLI 均未达到建议标准，整体拟合情况较差。对此，该模型可能具有更高层次的因子结构，需对部分变量进行修正。

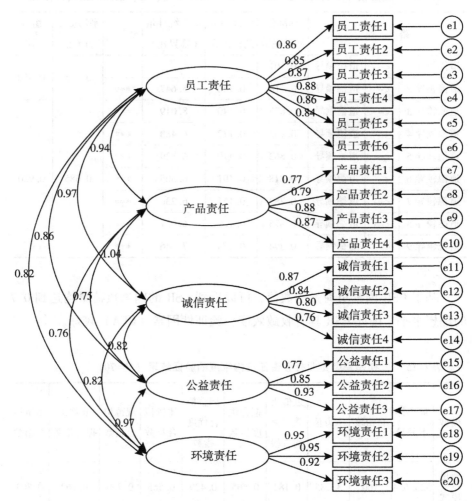

图 6-3　CSR 初始五因子模型验证性因子分析结果

表 6-16　　　　修正模型 CSR 结构维度的验证结果 （$N=70$）

模型	最小样本差异	自由度	卡方值	近似指数误差均方根	拟合优度指数	调整拟合优度指数	比较拟合指数	规范拟合指数	非规范拟合指数	增量拟合指数
预设模式	314.062	144	2.181	0.131	0.743	0.625	0.907	0.844	0.877	0.909

　　根据 Amos 提供的修正指数，通过 MI 将某些变量间的固定参数调整为自由参数，再次进行模型拟合，多次反复得到最终模型。最终模型中，基于拟合函数的指数 CMIN/DF 为 2.181，小于 3，达到理想标准值。拟合优度指数 GFI（0.743）虽小于 0.9，但亦可接受。而比较拟合指数 CFI（0.907）处于大于 0.9 的标准水平，企业社会责任题项五因子的二阶模型总体拟合在可接受范围内。且基于 output 的信赖区间，由图 6-4 可以看出均没有出现 1，且 e1 与 e2，e2 与 e3、e4 与 e12、e5 与 e6、e5 与 e8、e6 与 e7、e8 与 e10、e9 与 e10、e10 与 e11、e11 与 e18、e14 与 e20、e14 与 e18、e15 与 e16、e18 与 e20 存在逻辑联系，可以产生共变关系。

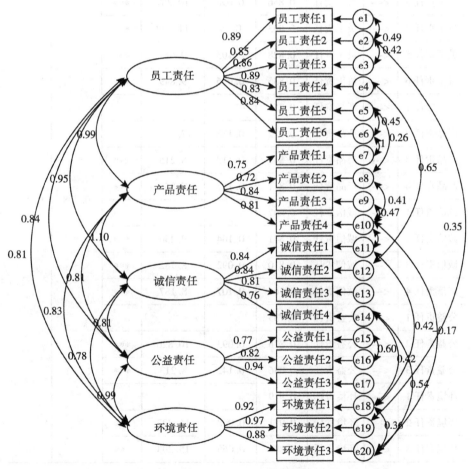

图 6-4　CSR 的 MI 修正后五因子模型验证性因子分析结果

CSR 的聚合效度（平均提取方差值）AVE 的值为 0.7，大于标准的 0.5，组合信度 CR 的值为 0.979，大于标准的 0.8，由表 6-17 可以看出，企业社会责任的聚合性较好，组合信度较高。

表 6-17　企业社会责任量表的路径系数、内部一致性效度、组合信度的显著性检验

路　　　径			标准化回归系数	估计参数的标准误	检验统计量（临界比）	显著性	平均提取方差值	组合信度
员工责任 1	<---	员工责任	0.895					
员工责任 2	<---	员工责任	0.849	0.127	8.3	***		
员工责任 3	<---	员工责任	0.856	0.098	10.257	***		
员工责任 4	<---	员工责任	0.893	0.09	11.399	***		
员工责任 5	<---	员工责任	0.828	0.103	9.657	***		
员工责任 6	<---	员工责任	0.835	0.096	9.849	***		
产品责任 1	<---	产品责任	0.751					
产品责任 2	<---	产品责任	0.722	0.138	7.008	***		
产品责任 3	<---	产品责任	0.841	0.118	8.215	***		
产品责任 4	<---	产品责任	0.811	0.117	7.853	***	0.708	0.979
诚信责任 1	<---	诚信责任	0.837					
诚信责任 2	<---	诚信责任	0.841	0.104	9.456	***		
诚信责任 3	<---	诚信责任	0.810	0.092	8.782	***		
诚信责任 4	<---	诚信责任	0.764	0.107	8.187	***		
公益责任 1	<---	公益责任	0.735					
公益责任 2	<---	公益责任	0.815	0.093	10.826	***		
公益责任 3	<---	公益责任	0.936	0.142	8.213	***		
环境责任 1	<---	环境责任	0.919					
环境责任 2	<---	环境责任	0.971	0.068	16.727	***		
环境责任 3	<---	环境责任	0.881	0.065	15.293	***		

　　基于组织信任的因素负荷量数值可以看出，组织信任的因素负荷量均达到理想中的 0.7 水准，因此组织信任具有收敛效度，验证性因素（CFA）较好。且基于 output 的信赖区间，由图 6-5 可以看出均没有出现 1，且 e1 与 e3，e2 与 e5 存在逻辑联系，可以产生共变关系。

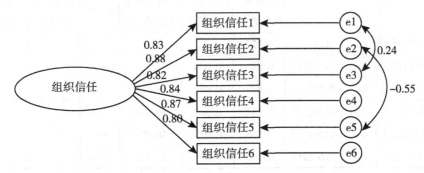

图 6-5　组织信任单因子模型验证性因子分析结果

　　由表 6-18 可以看出，组织信任的结构维度中，卡方 CMIN/DF = 2.529，为理想标准值；拟合优度指数 GFI = 0.978、调整的拟合优度指数 = 0.933、规范拟合指数 NFI = 0.985、比较拟合指数 CFI = 0.991、增量拟合指数 IFI = 0.991、非规范拟合指数（塔克-刘易斯指数）TLI = 0.980，均大于 0.9 的理想标准值，近似指数误差均方根 RMSEA = 0.079（小于 0.1），组织信任的一维模型整体拟合情况非常好。

表 6-18　　　　　组织信任的结构维度的验证结果　（N = 248）

模型	最小样本差异	自由度	卡方值	近似指数误差均方根	拟合优度指数	调整拟合优度指数	比较拟合指数	规范拟合指数	非规范拟合指数	增量拟合指数
预设模式	17.704	7	2.529	0.079	0.978	0.933	0.991	0.985	0.980	0.991

　　表 6-19 显示，组织信任的聚合效度（平均提取方差值）AVE 的数值

是 0.706，组合信度 CR 的数值是 0.935，均处于标准值范围内，由此可以看出，组织信任的聚合性较好，组合信度较高。

表 6-19　　　组织信任量表的路径系数、内部一致性效度、组合信度的显著性检验

路　　径			标准化回归系数	估计参数的标准误	检验统计量（临界比）	显著性	平均提取方差值	组合信度
组织信任 1	<---	组织信任	0.827					
组织信任 2	<---	组织信任	0.876	0.066	16.742	***		
组织信任 3	<---	组织信任	0.823	0.057	18.088	***	0.706	0.935
组织信任 4	<---	组织信任	0.844	0.067	16.417	***		
组织信任 5	<---	组织信任	0.868	0.075	16.504	***		
组织信任 6	<---	组织信任	0.800	0.071	15.100	***		

基于 OCB 的因素负荷量数值可以看出，组织公民行为的因素负荷量均在 0.5 以上水准，达到基本要求，因此组织公民行为具有收敛效度，验证性因素（CFA）较好。

OCB 的结构维度中，卡方 CMIN/DF = 1.442，达到理想标准值水平；拟合优度指数 GFI = 0.924、调整拟合优度指数 AGFI = 0.888、比较拟合指数 CFI = 0.985、规范拟合指数 NFI = 0.954、非规范拟合指数（塔克-刘易斯指数）TLI = 0.980、增量拟合指数 IFI = 0.991、近似指数误差均方根 RMSEA = 0.042（小于 0.05）均具有标准化的特性，OCB 的模型整体拟合情况非常好（见表 6-20）。

表 6-20　　　组织公民行为的结构维度的验证结果　（N = 248）

模型	最小样本差异	自由度	卡方值	近似指数误差均方根	拟合优度指数	调整拟合优度指数	比较拟合指数	规范拟合指数	非规范拟合指数	增量拟合指数
预设模式	206.192	143	1.442	0.042	0.924	0.888	0.985	0.954	0.980	0.991

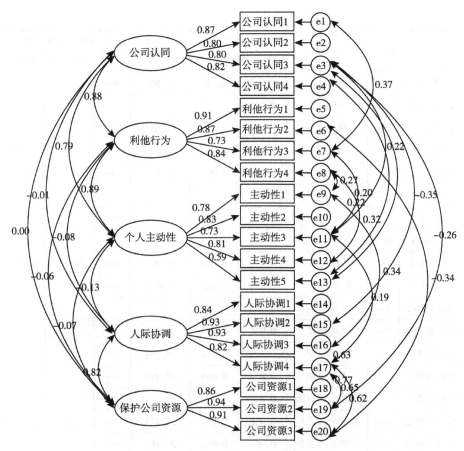

图 6-6 OCB 模型验证性因子分析结果

由表 6-21 可知，OCB 的聚合效度（平均提取方差值）AVE = 0.696，组合信度 CR = 0.978，均处于标准值范围内，由此可以看出，OCB 的聚合性较好，组合信度较高。

表 6-21 **OCB 量表的路径系数、内部一致性效度、组合信度的显著性检验**

路　　径			标准化回归系数	估计参数的标准误	检验统计量（临界比）	显著性	平均提取方差值	组合信度
公司认同 1	<---	公司认同	0.871					
公司认同 2	<---	公司认同	0.801	0.062	15.726	***	0.696	0.978
公司认同 3	<---	公司认同	0.799	0.060	16.376	***		

续表

路　　径			标准化回归系数	估计参数的标准误	检验统计量（临界比）	显著性	平均提取方差值	组合信度
公司认同 4	<---	公司认同	0.824	0.055	16.557	***		
利他行为 1	<---	利他行为	0.907					
利他行为 2	<---	利他行为	0.871	0.048	20.659	***		
利他行为 3	<---	利他行为	0.734	0.062	14.578	***		
利他行为 4	<---	利他行为	0.836	0.054	18.571	***		
主动性 1	<---	个人主动性	0.784					
主动性 2	<---	个人主动性	0.829	0.070	14.382	***		
主动性 3	<---	个人主动性	0.729	0.075	12.404	***		
主动性 4	<---	个人主动性	0.813	0.069	14.027	***	0.696	0.978
主动性 5	<---	个人主动性	0.585	0.085	9.494	***		
人际协调 1	<---	人际协调	0.836					
人际协调 2	<---	人际协调	0.926	0.057	20.016	***		
人际协调 3	<---	人际协调	0.929	0.058	19.784	***		
人际协调 4	<---	人际协调	0.824	0.066	15.990	***		
公司资源 1	<---	保护公司资源	0.864					
公司资源 2	<---	保护公司资源	0.936	0.050	21.473	***		
公司资源 3	<---	保护公司资源	0.908	0.054	20.483	***		

6.4.4　线性回归及检验结果

由于本章自变量个数较多，为避免各变量之间混杂干扰，从而确保回归模型运算结果的准确性，选取"逐步线性回归"这种统计方法来分析道德领导与 CSR、组织信任、OCB 的相关关系，其本质是逐步纳入自变量，即一次只纳入一个自变量，如果这一自变量显著，则保留，继续纳入下一个自变量；如果这个自变量不显著，则剔除，继续纳入下一个自变量，直到模型中没有新的自变量可以进入，逐步过程停止。结果如表 6-22 所示。

表 6-22 模型回归的检验

模型	未标准化系数		标准化系数	T 检验	显著性	共线性统计	
	偏回归系数	标准误差	Beta			容差	方差膨胀因子
（常量）	2.754	0.456	0.670	6.041	0.000	1.000	1.000
企业社会责任	0.576	0.077		7.437	0.000		
（常量）	2.893	0.391		7.395	0.000	0.539	1.857
员工责任	0.366	0.089	0.475	4.108	0.000		
环境责任	0.189	0.071	0.307	2.653	0.010	0.539	1.857
（常量）	0.814	0.264	0.735	3.085	0.002	1.000	1.000
组织公民行为—员工责任担当	0.799	0.047		17.024	0.000		
（常量）	3.410	0.362	0.309	9.408	0.000	1.000	1.000
组织公民行为-组织	0.396	0.078		5.101	0.000		
（常量）	2.229	0.381	0.454	5.857	0.000	1.000	1.000
组织公民行为-个体	0.626	0.078		7.986	0.000		

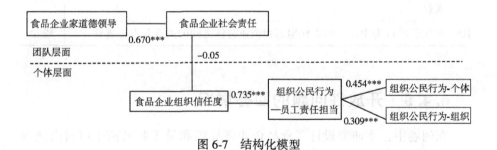

图 6-7 结构化模型

通过表 6-22 数据来检验假设中的模型，所有共线性方差膨胀因子 VIF 的值均小于 10 可知，除组织信任外，CSR、OCB 不存在混杂干扰，结果显示，显著性均小于 0.05，于是所提出的研究假设中，直接领导的道德领导行为与工作团队层面的有关 CSR 的认知呈正相关关系，因此，假设 1 得到支持；受个体层面的组织信任与工作团队层面上有关 CSR 的认知的正向和负向调节波动影响，工作团队层面上有关 CSR 的认知与个体层面的组织信任度的跨层面的直接路径中，无显著相关，因此，假设 2 未得到支持；员工个体层面组织的信任度会对组织公民行为产生间接效应，组织信任度与组织公民行为中员工责任担当呈正相关关系，因此，假设 3 得到支持；此外，检验结果表明，组织公民行为中员工的责任担当和同事、其他个体以及企业整体之间的关系具有显著正相关关系，因此，假设 4、5 得到支持。假设结果见表 6-23。

表 6-23　　　　　　　　　假设检验结果

变 量 检 验	结论
H1：直接领导的道德领导行为与工作团队层面的有关 CSR 的认知呈正相关关系	成立
H2：工作团队层面上有关 CSR 的认知与个体层面的组织信任度存在跨层面的直接路径，显著相关	不成立
H3：员工个体层面对组织的信任度会对组织公民行为产生间接效应，组织信任度与组织公民行为中员工责任担当呈正相关关系	成立
H4：组织公民行为中员工的责任担当和同事、其他个体之间的关系具有显著性	成立
H5：组织公民行为中员工的责任担当和企业整体之间的关系具有显著性	成立

6.4.5　开放性问题的回答情况

在问卷中，本研究设计了食品企业领导版和员工版共两个可自由选择回答的开放性问题，包括企业家和组织成员关于员工责任、产品责任、诚信公正责任、慈善公益责任、环境责任等方面的不同见解、在履行 CSR 过程中所面临的困难和障碍，以及未来在履行 CSR 方面的展望。

统计结果表明，在参与调查的领导者中，大部分具备较高的责任意识，调查者提出"企业在进行发展时，要担负起一定的 CSR""要关爱来自异地员工的子女问题""要加大食品机械化设备应用""改善生产方式，利用新科技减少污染，同时追求有品质的生活；企业应有正确看待长期发展格局的眼光，不以蝇头小利而破坏自然和损害他人利益为手段。真正的致富从来不靠商品，而是人品！""为消费者提供放心优质的绿色食品任重道远""环境责任中应该有我们的声音和力量""大力推进食品产业化，生产绿色食品，对社会环境保护责任目标化""要注意可持续性种养，环境友好型生产加工，诚信经营保证食品安全""提高法律意识""提升公信力和透明度""员工用负责任的工匠精神独具匠心态度完成公司的产品以及目标，公司定位质量为王，产品创新无止境改进，运营中保持品牌的品质以质取胜，大力支持社会社团责任民生福祉产业发展，食品科技领引全产业链标杆发展，中国食品非常落后，要加大食品科技定位精准和高度重视标准化，大力促进推动提升自主创新与自主造血功能，生态循环发展"。

在参与调查的员工中，员工更乐于提供他们在薪酬、福利方面的获得情况及未来展望。就员工责任、诚信公正责任而言，被调查者指出"员工责任和诚信公正责任存在很大提升的空间，需要加强建设"。基于领导视角，"企业管理者应该以身作则，创造公平和谐的企业环境，不断完善激励机制、奖惩机制，传递正确价值观""关爱企业员工、关心员工福利""减少无效加班，完善责任分配""适时调整工作任务量，重视对员工需要的关注，加大调研员工需求，了解员工对企业有关制度的满意程度""建立反馈监督系统，规范管理，制定企业规章制度，提高考核效度""加大有责任、有担当的企业文化宣传力度"。基于员工视角，被调查者指出"员工的责任感可以通过改善企业的环境以及规章制度等进行提高""企业的发展需要员工个人素养的提升，而员工个人素养又与企业文化息息相关""企业应该团结一致，有共同的奋斗目标，致力于形成融洽的工作氛围""适时组织员工交流大会，促进企业文化交流""筹划团建活动，增加团体凝聚力""提升团体成员之间的集体感、信任感和责任意识""在工作中提升组织成员的能力，进而提升员工忠诚度，提升员工服务能力与服务态度"。此外，就慈善公益责任而言，被调查者指出"应关注公益事业，并为此作出贡献，致富村民等"。就产品责任而言，被调查者提出"坚持以顾客为本，承担相应的政治责任、社会责任""在食品安全上加大监督和检测力度，保障公司的运营"。就环境责任而言，被调查者指出"要正确看待眼前利益与长远利益间的关系，注意将社会效益和经济效益结合起来"。

6.5　本 章 小 结

通过上述实证分析，本研究得到以下结论：

第一，食品企业家道德领导行为对企业内外部食品企业社会责任的认知具有正向影响。本研究发现当食品企业家道德领导行为越突出，其对食品企业所应担的社会责任的认知度会越高，尤其是对员工责任和环境责任的认知。道德领导应重视提升员工 CSR 的参与感和额外关注度，做好微观上的组织内外部以及组织间利益相关者的平衡，以充分推动组织的信任氛围。

第二，组织信任度越高，员工越能心甘情愿地实施企业社会责任行为。就履行 CSR 而言，员工责任担当在 OCB 个体和组织的影响中起到至关重要的作用，员工个体层面与组织的信任度一旦产生，就会积极调整自己的行为和态度，愿意为组织付出多余心力，从事一些对组织有利的角色外行为以达成组织目标。组织成员工作中责任担当越强，其以积极、持续和高成就特征为主的"OCB-个人"就会得以激发，以活力、奉献、专注特征为主的"OCB-组织"就会得以提升，从而推动企业利益最大化的实现。

工作团队层面上有关 CSR 的认知与个体层面的组织信任度关系不显著。就领导-成员的成长机理而言，大多数领导者 CSR 意识较高，但是具体实践机制存在偏差。本研究认为可能的解释是：CSR 认知与组织信任之间的关系调节效应可能存在正向和负向调节两种可能的情况。一种是 CSR 认知可以正向调节组织信任，一个遵循道德原则的领导，可以提升 CSR 认知，对员工组织信任起积极影响。还有一种是在员工 CSR 处于高水平的情况下，员工可能会认为食品企业家的道德领导行为目的是来制衡各方利益相关者，且自身内部员工与其他外部利益相关者是不存在差异的，这可能导致食品企业所认知到的 CSR 与管理实践中的组织信任间存在不平衡性，这种不平衡可能会产生一系列组织抱怨等负向情绪，员工可能会认为未受到所在企业的重视而降低组织信任。由此发现，两种调节效应情况的叠加可能造成 CSR 认知与组织信任之间的关系无显著相关。

本研究结论表明，高道德行为的领导更有可能获得员工较高的 CSR 认知，领导者的 CSR 认知与管理实践的组织信任之间需要加以平衡，道德领导的关键在于提升员工 CSR 的参与感和关注度，同时，组织信任一旦产生，即组织成员信任所在企业和领导者，其相互协作和支持会越和谐，组织成员会更倾向于责任的承担，即使是角色外行为，他们也会更主动地维护公司利益，更好地与同事互帮互助。

7 食品企业社会责任行为案例研究

7.1 引　　言

前面章节研究了食品企业社会责任行为的动力机制要素，并分别从政府、消费者、企业管理者和员工等重要利益相关者角度进行了细化研究，从博弈论、问卷调研等方面探讨企业与外部政府的博弈关系、企业责任行为与消费者购买意向、企业管理者道德如何影响食品企业社会责任行为。本章通过案例研究一家长期以来以重视社会责任著称的食品企业——霸王花食品公司，探究其社会责任行为及其动力机制，进一步验证相关理论。

7.2 案　例　选　择

7.2.1 研究方法

案例研究方法通过对典型案例是什么的详细描述、为什么的深入分析，能有效总结事物发展的一般规律与特殊性,[①] 选择单案例研究方法进

[①] 欧阳桃花．试论工商管理学科的案例研究方法［J］．南开管理评论，2004（2）：100-105．

行探究，适合回答"如何"和"为何"发生类型的研究问题（Yin &
Thousand，2009）；① 通过对案例情境的深入描写与分析，能更好地解剖复
杂问题，揭示事物背后的关系（黄江明等，2011）；② 且适合某一特定现
象背后的规律提炼与理论归纳（Gioia et al.，2013）。③ 从而了解企业社会
责任与内外部环境及市场导向的动态结合（Anis et al.，2011），④ 有助于
探索实践中出现的新现象，是构建和验证理论的有效方法（张琰等，
2022）。⑤ 基于此观点，本研究选择研究霸王花集团公司这家以重视社会责
任著称的食品企业，来探究其社会责任行为及其动力机制。通过研究霸王
花食品企业发展历程，聚焦于企业高管价值观念及形成过程，剖析企业对
员工、农户、社区等不同利益相关者的责任行为及其内在机理。

7.2.2　典型性和代表性

霸王花食品有限公司是米粉文化的代表性企业。公司所在地为广东
河源，主要产品是米粉。北方人爱吃以小麦为食材的面制品，南方人以
大米为主食，米粉是以大米为原材料的食品。从经济角度来看，广东是
改革开放的前沿阵地，连续多年 GDP 排名全国首位。从地理位置看，广
东地处亚热带，水热条件充足，适宜水稻的生长。从地区特点来看，广东
米粉文化源远流长，拥有大大小小的米粉生产厂家超过 20 家，其中代表性
的品牌有"霸王花"牌河源米粉（国家地理标志保护产品）、东莞米粉
（国家地理标志保护产品）、陈村粉（主要以春晓食品生产的即食粉为主）、

---

①　Yin R, Thousand S. Case Study Research: Design and Methods (4th ed.) [M].
Blackwell Science Ltd. 2009.

②　黄江明，李亮，王伟. 案例研究：从好的故事到好的理论——中国企业管理
案例与理论构建研究论坛（2010）综述 [J]. 管理世界，2011（2）：118-126.

③　Gioia D A, Corley K G, Hamilton A L. Seeking Qualitative Rigor in Inductive
Research: Notes on The Gioia Methodology [J]. Organizational Research Methods, 2013, 16
(1): 15-31.

④　Anis B B, Belaid R, Kamel M. Market Orientation, Corporate Social
Responsibility, and Business Performance [J]. Journal of Business Ethics, 2011, 99 (3):
307-324.

⑤　张琰，李国琼，欧丽慧，等. 公共危机中平台型企业的社会责任治理——基
于携程的案例研究 [J]. 管理案例研究与评论，2022，15（1）：10-22.

肇庆米粉等。

霸王花食品有限公司具有良好的品质和信用认可。企业先后被认定为高新技术企业、农业产业化国家重点龙头企业、全国农产品加工业示范企业、国家知识产权优势企业、广东省现代产业 500 强、连续三十年广东省守合同重信用企业等，被称为食品行业中的"良心企业"，具有良好的带动乡村发展和保障食品安全的行为，选择它作为研究案例具有典型性和代表性。

7.2.3　可获取性和便利性

①案例企业的总部和本研究团队同处广东省，在语言文化上容易理解沟通，实地调研和深度访谈上具有良好的区位优势；

②本研究团队成员之一就是案例企业内部的一名员工，有来自企业的第一手资料，为资料获取提供了良好的基础条件；

③案例研究对象在广东省内的媒体上有着一定的新闻曝光度，且案例企业内部具有较完整的信息资料，为相关研究的开展提供了较丰富的公开信息资源。

7.3　研　究　过　程

遵循 Eisenhardt（1989）构建的案例资料收集原则，① 本研究使用的数据是一手资料与二手资料相结合的多来源形式。其中，一手数据来源于访谈，是通过实地观察、半结构化访谈以及微信、电子邮件等多次咨询收集得来的；二手数据由企业官网、相关新闻网站等渠道获取。

7.3.1　一手数据

本研究团队主要通过半结构化访谈和实地企业考察来收集一手数据。

---

① Eisenhardt K M. Building Theories from Case Study Research［J］. Academy of Management Review, 1989, 14（4）：532-550.

为了保证数据的客观准确，能够做到三角验证，访谈对象从上级到下级都有涉及（董事长到一线员工），广度上做到尽可能全面。同时在访谈前经过所有被访谈人的同意，进行录音。在访谈结束后，将录音整理成对话形式的文字稿，尽可能保留原始语句，对部分有误的地方进行更正并注明。之后，还将文字稿发给相关人员查看并确认，再次确保信息的准确可靠。此外，在研究的过程中，研究团队与相关人员建立微信工作群，多次进行腾讯会议等线上交流活动。针对发现的问题以及一些不理解的问题，团队成员会与该企业相关负责人及时联系并进行针对性访谈。团队成员与公司的管理层经常互动交流，且随时能接收到双方共享的表格、照片以及视频等资料，最终形成了十万字的访谈资料（见表7-1）。

表7-1　　　　　　　　　　一手数据资料收集情况

地点	访谈对象	访谈时长（分钟）
霸王花集团总部	董事长	120
霸王花集团总部	副总经理	150
霸王花食品有限公司	生产部厂长	60
霸王花食品有限公司	财务部	60
霸王花食品有限公司	品控部	60
霸王花食品有限公司	市场部	60
霸王花食品有限公司	人力资源部	60
霸王花食品有限公司	行政部员工	60
霸王花食品有限公司	车间员工	60

7.3.2　二手数据

二手数据来源包括霸王花集团官网、微信公众号、河源日报、新浪网站等媒体，以及相关新闻报道的公众评论。从中获取企业发展历程简介、重要历史事件、荣誉等相关资料。在文献梳理和案例企业分析的基础上将企业的影响从员工、客户、社会与环境三个层面进行归纳，在此基础上按照社会责任履行过程与所获收益两个二级指标进行归类；然后进一步概念化，提炼出本章的研究框架及内容（见表 7-2）。

表 7-2　　　　　　　　二手数据资料收集情况

数 据 类 型	主 要 来 源
霸王花集团公开资料	企业官网、集团网站、述职报告等
霸王花集团内部资料	企业规划、企业研发手册等
霸王花集团微信公众号	企业新闻、媒体视频、公司简介等
霸王花集团官网平台	霸王花集团的发展历程、主营业务、企业文化等
电子资料、报纸、刊物	新浪网站、河源日报、霸王花集团报刊等

本研究分三个阶段。第一阶段是基础性研究，通过查阅二手资料，梳理企业发展历程及各阶段主导经营理念，明确研究主题。第二阶段为实地调研，基于前期成果制定访谈提纲，深入访谈企业高层与员工，获取多元视角。第三阶段为成果整合，完成论文撰写与资料补充，形成最终研究结论。

7.3.3　数据分析

本研究遵循 Pettigrew（1992）提出的数据分析步骤,[①] 对案例企业在不同发展阶段经营哲学的形成及演化进行梳理。具体如下：①梳理霸王花食品有限公司发展历程，依据霸王花食品有限公司发展历程划分阶段，并识别不同发展阶段的经营哲学。②将本研究获得的所有资料进行编码，重点挖掘对企业影响重要的董事长朱日杨经营哲学背后所隐藏"历史原因"：在阶段划分的基础上，本研究采用数据编码和归类的方式，对访谈资料、二手资料进行整理，从资料中提炼出关键意义与核心构念。③将编码与理

---

① Pettigrew A M. The Character and Significance of Strategy Process Research ［J］. Strategic Management Journal，1992，13（2）：5-16.

论不断交叠，从利益相关者角度探讨霸王花食品有限公司带动乡村发展及责任担当的过程。

　　团队在实地调研霸王花集团的进程中，有很多新的收获，对企业有了更直接深入的理解。在和董事长朱日杨的访谈中，根据两小时的录音，整理出了两万字的文字稿。在和副总裁朱利昀的访谈中，根据两个半小时的录音，整理出了三万字的文字稿。在和品控、生产、财务和市场部经理的访谈中，根据四小时的录音，整理出了四万字的文字稿。在和数名员工的访谈中，根据两小时的录音，整理出了一万字的文字稿。合计十一个半小时，约十万字的文字稿。

　　董事长是从战略高度运营霸王花企业，高层管理者是各自负责食品企业的某一模块，相互作用，相互推动，促进企业的高效运转与快速发展。员工是做好自己本职的工作，从个体层面助力企业发展。董事长在访谈中提到的最高频率的两个词是"信心"和"责任"，"信心"总共出现13次，"责任"总共出现8次。副总裁主要描述了公司的发展历程、公司的经营情况、离职率以及未来规划方面的情况。不同职能的经理主要从霸王花米粉的生产、营销和财务角度讲述了很多的公司细节。员工主要是从工作环境、薪酬制度和公司文化等角度来展开交流的。一些案例资料编码如表7-3所示。

表7-3　　　　　　　　　　　　案例资料编码

一级指标	二级指标	编码及资料内容示例
员工层面的社会责任	履行过程	副总裁：我们是可以实行三班倒的，实际上很多生产现在是两班倒的，因此我们的用人成本还是比较高的。一线的普通员工收入平均可能是4000多块钱一个月，4000～5000元能拿到手的。有一部分人有员工宿舍，在本地的员工上下班有车辆接送
	所获收益	员工：我之前在××企业从事销售工作，后来来到霸王花做生产助理，感觉公司工作气氛比较好。企业提供了很多的发展机会，对员工比较关爱

一级指标	二级指标	编码及资料内容示例
客户层面的社会责任	履行过程	品控经理：产品的料包都要经过高温灭菌，我们的米粉精选优质大米，质量肯定是不用说的，也没有添加剂，营养方面、健康方面确实是做得棒
	所获收益	大众点评：当初我们去河源考长途，我们所有学员都买了这个米粉，真心话，真的好吃，不管炒或者煮汤类，都很好吃，我那时候是经常用开水煮了之后，直接拌辣椒酱、酱油，放点香菜，超级好吃
社会与环境层面的社会责任	履行过程	财务经理：环保部门每个月有来检测，并出具报告给我们，到目前为止没有出现过一次产品重金属超标的情况。我们有自己的一个污水处理，水是经过处理之后才去排放。省里面的文件是说氮氧化物要求是120毫克每标方的，我们排放的尾水选择80毫克的。我们还会培养细菌去分解米浆
	所获收益	品控经理：米浆水含有营养物质，在处理废水废物之后可以增加一定的收益；社会各界知道霸王花企业是注重环保的企业之后更加信任我们了

7.3.4　案例描述

(1) 企业简介

霸王花食品有限公司是华南地区乃至全国历史悠久、规模大、技术力量雄厚、品牌价值高的专业米排粉生产企业之一。公司创立于1978年，原隶属于东源县粮食局的国有企业。1998年成立广东霸王花米面制品厂，"霸王花"商标获批，2000年更名为"广东霸王花食品有限公司"，2004年成功转制，公司的主要产品包括"霸王花"牌普通排粉、营养排粉、即食米粉、精品米粉、杂粮米粉五大系列三十多个品种；成功进入沃尔玛、卜蜂莲花、华润万家、好又多等全国各大超市；出口美国、加拿大、澳大利亚，以及我国香港和澳门地区等，市场占有率名列全国同行前茅。生产的"霸王花"牌河源米粉先后被认定为"国家地理标志保护产品""中国驰名商标称号",被国家农业部授予"全国乡镇企业质量工作先进单位"称号,并获得美国食品药品监督管理局(FDA)授予的进口免检资质;广东省食品文化遗产保护项目;为海内外广大消费者提供安全、优质、健康、美味的食品。2020年,公司通过知识产权管理体系和第十九批广东省省级企业技术中心认定,被允许使用"深圳标准·圳品"标识。2022年公司荣获河源市第二届政府质量奖。

霸王花食品有限公司通过积极承担社会责任行为为企业带来了良好的口碑和收益,并引发了涟漪效应,2010年成立集团公司,注册资本1亿元人民币,现是集食品生产销售、一贯制义务教育(幼儿园、小学、初中、高中)、医疗服务、房地产开发、金融投资等业务于一体的综合性现代企业集团。年主营业务收入超过10亿元,连续多年被评为广东省纳税信用A级纳税人。

(2)企业发展过程

根据二手资料并结合与董事长及副总裁的访谈,探讨将霸王花食品企业发展分为四个阶段。

第一阶段:1978—2003年国有企业阶段。企业原属东源县粮食局下属的企业,起初做米面制品,1994年成功注册"霸王花"商标,专注做米粉。由于国有企业体系存在着一定的发展瓶颈,2003年公司的营业额只有1000万元,但有着五六百员工的负担。当时面临粮食系统改制,政府采取了拍卖的方式。河源本地富有爱心和雄心壮志的朱日杨先生希望将霸王花这个品牌留在本地,多方筹措资金,最终成功拍卖下来。

第二阶段:2004—2008年民企改革阶段。2004年冬,公司由国有企业转制为民营企业,开始进行一系列的改革。工作核心是品牌的维护和人员的稳定,更新过时的老厂生产线以及生产条件,公司通过考察并借鉴国外的一些科学经营方法,建立适合现代企业发展的管理制度和框架,并不断地升级改造生产线。采用"公司+基地+农户"的方式建立农作物种植基地,带动当地农户发展的同时保证产品来源的质量。这段时间公司产品销售额从1000万元提升到近4000万元。

第三阶段：2008—2020 年多元化发展阶段。2008 年食品企业新厂开始投产，在这个阶段，食品企业的营业额实现了从 4000 万元到两个亿的飞跃。由于企业主要生产经营米粉食材，食品营业额增长比较缓慢。公司决定稳步发展食品企业，以保证食品质量，同时借助霸王花的良好品牌效应成立广东霸王花实业集团有限公司，2010 年开始了多元化经营发展。

第四阶段：2020 年至今，健康发展新阶段。随着人们生活水平的提高，生活节奏加快，食品工业步入食品营养健康新阶段。"90 后""00 后"成为消费市场的核心动力。霸王花公司根据新的消费习惯和需求，利用互联网技术，分析消费者喜好，代入产品设计中，从产品定位、产品开发、品牌包装、渠道升级、模式创新等多维度加速品牌成长。2021 年公司预制菜总产值 3.4 亿元，2022 年启动二期新厂建设项目，总投资 3 亿元，总设计产能 6 万吨，年产值超 6 亿元。2022 年 6 月上市带料包拌粉、汤粉预制菜，引发媒体及消费者的热捧。公司高层的目标是在未来 3 至 5 年内，将食品企业进一步做大做强，并实现单独上市，力争成为全国米粉行业的第一品牌。

霸王花食品有限公司发展时间脉络见图 7-1。

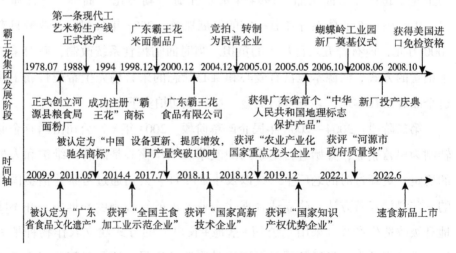

图 7-1　霸王花食品有限公司发展时间轴

资料来源：作者根据企业发展资料整理。

7.4　研究分析

7.4.1　高管的责任战略定位助力企业发展

对于民营企业来说，企业家全权决定企业资源的分配，只有企业家重视，履行社会责任才能在企业执行下去。生于1958年的广东霸王花集团董事长朱日杨曾因出身地主家庭经历过时代的不公，也造就了他良好的逆势和情商，并善于在环境中寻找机会。

朱日杨1988年离开家乡，从建筑行业的学徒工做起，凭着客家人的勤劳、厚道在众多的打工仔中脱颖而出，2002年10月被东源县城建市政工程公司破格聘为副经理。他珍惜机会，发奋图强，脚踏实地地做好每一件工作。连续多年被评为市县级优秀项目经理、先进工作者等。2001年，党和政府提出"大力开发三高农业，调整农业产业化"的发展战略。朱日杨看到了其中的创业机遇，集资创办了东源县民富笋竹有限公司，解决20多户农民就业，带动农户130多户，惠及农民600多人，每户农户年创收2000多元。2004年，根据中央粮食体制改革的要求，原国有企业广东霸王花食品有限公司整体资产实行公开拍卖。怀着为河源300多万人民争光，对因改制面临下岗危机的几百名"霸王花"员工负责的高度责任感，朱日杨积极参与竞拍，历经波折，最终以1720万元成功竞得"霸王花"整体资产，成为"霸王花"公司的董事长。

对于朱日杨董事长的访谈数据归纳见表7-4。身处逆境时，朱日杨注重不断提高情商，环境变化中他寻找到机会、树立目标并对未来充满信心，同时也特别重视自身的责任担当，注重企业稳健踏实发展，"穷则独善其身，达则兼济天下"。朱日杨的家庭具有以爱国爱家为基调，相互关爱且低调做人的良好家风，自身的坎坷经历让他加倍珍惜今天的好环境，充满感恩社会的情怀，并且通过家族传承给继任者现公司总裁朱荣业，从而带领团队打造出一个良心企业，带动乡村走上发展之路。在访谈中他多次念叨着"只自己富有什么意思？那个广告词说得很到位——大家好才是真的好"。提到的最高频率的两个词是"信心"和"责任"，"信心"共出现 13 次，"责任"共出现 8 次。

表 7-4 董事长访谈数据归纳

一阶主题	二阶主题	典型引语示例
信心目标	坚强的自信和坚定的目标感为成功的基石	要积极有信心，信心比黄金重要。这个是我经历几十年来的经验，做什么事情你没信心，做事情你没目标，没方向一定没有作用的
	家国情怀，信心引领	广东好人，中国好人，广东优秀民营企业家，广东优秀企业家，全国劳模，这些称号都是来之不易的，就是靠我的信心，有信心为个人、为小家、为家族，为大家，为国家、为党和人民谋幸福的
家国情怀	用情怀和坚定的方向感管好小家，最终为大家，为国家。家国情怀治理集团	先要小家，小家都管理不好，怎么为大家，怎么搞好整个集团对吧？一定要有情怀！没情怀，做不到事，要把握一个方向感
稳健发展	稳健踏实做好每一步	今天的好日子是怎么来的？没有党和国家我们找不到。现在你们一代人今天是很幸福的，你感觉也很幸福，像你们现在不愁吃，不愁穿不愁住对吧？这个你不要一下子就想达到，你要一步一个脚印对吧
助力乡村	搞好企业帮扶村镇，推动乡村振兴，实现共同富裕的理念不变	大家好才是真的好，要共同富裕，我们去年开始就是这样十企帮十镇，刚开头就是帮村，前几年就是万企帮万村，去年就提出十企帮十镇，搞好乡村振兴

续表

一阶主题	二阶主题	典型引语示例
良心食品	秉持阳光企业，食品安全第一的发展理念来赢得社会尊重	今天河源的这两张名片，一张是万绿湖，一个就是霸王花米粉，我经常讲我们要做就做阳光企业，做阳光企业再赢得社会的尊重，不是靠哪个领导更关心我这个企业。只要我这个企业阳光，我就赢得整个社会的尊重。这个是霸王花整个集团的发展理念来的，是我几十年的经营理念。像我们做食品，一定要做到良心食品，像我们的食品——米粉，去拿到欧美的进口免检产品，这个是真的不容易的
重视人才	尊重人才、重视知识和培训	对企业来说，你没人才做不到事。你没知识发展不了，人才跟知识就是企业的生存。我经常跟他们讲你们还要多出去学习，培训知识，现在社会一年一个变，半年几个月一变，现在社会的发展太快了，也应该有这么快
家族传承	彼此关爱、低调的良好家风，家族传承以爱国爱家为基调的家风一代代传下	家庭对我的价值观影响很大，我的家庭氛围很好，我的妈妈每天都要看到我的。不管怎么忙，基本上早中晚一大家十几个人都一起吃饭。 几个孙子都在集团的附属学校读书，没任何特殊化，其他学生都不知道。有次我隔着窗去看小孙子时，他发现了很紧张，很担心别人知道这个学校是他家的。 要一步一步把小孩往好的思想去引导，准备好走向社会。从小提醒他党和国家是最伟大的

正如 Aguilera 等（2007）研究认为，企业家个人特征和积极的态度会影响企业的经营管理及其责任行为。[①] 朱日杨为企业树立了"用良心打造

---

① Aguilera R V, Rupp D E, Williams C A. Putting the Movements Back in Corporate Social Responsibility: A Multilevel Theory of Social Change in Organization [J]. Academy of Management Ethical Review, 2007, 32 (3): 836-863.

阳光企业,以责任赢得社会尊重"的经营理念。如海尔集团的"砸冰箱"经典事件,霸王花也有董事长怒毁次品的故事:"2008 年,由于企业发展需要,霸王花公司由老厂整体搬迁至东源县蝴蝶岭工业城,在这段时间里,企业面临适应新环境、调试新设备的磨合期,不可避免地出现了产品质量不稳定的现象。一边是源源不断的订单,一边是质量欠佳的产品,朱日杨当时就要求把公司不合格的产品就地销毁,哪怕是公司损失也绝不能把不合格产品流入市场。"这种"残酷"的处理方式,不仅没有损失订单,更赢得了经销商的大力支持。

董事长在企业树立榜样作用,并以身作则、潜移默化,并通过制度规范,在物质层面和精神层面关爱员工,传递企业的责任和感恩理念,从而为更多的员工树立了榜样。在朱日杨、朱荣业的领导下,管理团队及员工以实际行动促进了霸王花集团逐日壮大,使其成为了河源人民信赖的本土企业。

7.4.2 霸王花产业化模式带动农户发展

霸王花食品公司的主产品是米粉。由于米粉是大米深加工产品,要让人们吃到放心、安心的米粉,公司需要源头严格把控大米的质量。公司以生产基地为依托,把稻谷的产、加、销联结起来,实行一体化经营。自2003 年以来,公司通过挂牌成立绿色种植基地,采用"公司+基地+农户"的产业化模式,与基地村民委员会签订《农作物种植基地合同》,在当地周边乡镇等地建立了 6500 亩水稻和 700 亩农作物种植基地,实行订单农业、定向收购、保价回收。通过统一种植标准、统一技术管理、统一收购等,降低了农户生产成本和经营风险,带动了农民种粮的积极性,解决了部分农民的就业问题,当地有 8000 多户农户与企业长期合作,每户农户年均增收 3500~5530 元。

科学、绿色种植具体工作步骤如下:(1)公司按照优质绿色稻米、黑米及淮山等农作物标准向农户推广无公害、绿色稻谷、作物种植,为农户统一代购肥料、农药、种子、农用机械和资金预付支持。(2)定向收购签约基地农户符合标准的农作物及陈化 6 个月的优质绿色稻米，要求农户提供的稻米质量须符合《绿色食品大米》标准要求。并以高于市场当期价格0.5%~1%的标准定向收购基地签约农户的优质稻米及指定生产农作物。（3）在种植等技术上进行长期的指导支持，聘请长期技术合作单位暨广东省农科院生物技术研究所的专家，每年定期对签约农户举办科学种植技术培训。（4）在每个乡镇基地的农户中挑选 2~3 名农户，进行科学种植技术培训，培训合格后的农户作为公司在该基地的兼职科学种植技术员，进行种植技术的"传帮带"工作，悉心指导农户进行科学种植。（5）在农作物播种期、成长期及收获期，建设单位还派出专业管理与技术人员分别到各个基地巡视、指导工作，确保基地各项工作顺利进行。

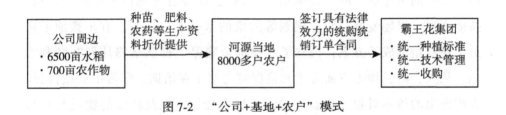

图 7-2 "公司+基地+农户"模式

通过联农带农机制，实现产业融合发展，让农民充分分享产业增值收益，保产品质量的同时促乡村振兴。不仅加快了粮食转化，推动种植业增长，带动农户增收，促进农业生态良性循环，而且还带动了农业机械、车辆运输等相关行业的发展，大大延伸了农业产业链，提高农产品附加值，对推进食品加工化的发展颇具现实意义。

7.4.3 以人为本的管理理念吸引和留住人才

霸王花公司地处河源，属于粤北经济欠发达地区，人才欠缺。公司非常重视以人为本的管理。董事长朱日杨强调"愿意与所有员工携手并肩、同甘共苦，用最坚守的信念去实现一个又一个梦想，用最执着的激情去创造一个又一个辉煌"！公司通过设立明确的发展目标（见表 7-5），完善内部的管理制度并做好人文关怀，构建有吸引力的员工权益和福利（见表 7-

6），吸引了大量原来在珠三角较繁华地带工作的河源优秀人才回乡；如现食品生产厂的叶厂长原来在佛山一知名酱油厂工作，市场部的刘经理原来在广州一知名广告公司工作，甚至在河源当地农业银行做了6年行长的朱利昀也放弃金饭碗，为朱董事长构建的美好梦想投奔民营企业。

通过调研了解到，企业在选人用人方面，会考虑选择认可企业价值观的人；并考察其个人的经历及品德，将德放在第一位。食品企业是良心企业，德不到位就容易出现问题。截至2023年9月1日，该食品企业共有352名员工。公司提供的工资高于同行业水平，并拥有良好的餐饮和住宿条件，因此，员工的稳定性很高，很多人一直工作到从企业退休。企业不仅重视从外部引进优秀人才，亦重视发掘与培养已有的内部人才。企业设计了面向全体员工的"梯队培养计划"，即综合考虑员工的知识结构、技能水平、兴趣爱好、职业规划等因素的基础上分层级、有步骤地推进员工终身培训成长方案；设立了专项资金确保"梯队培养计划"顺利实施，从人、财、物等方面提供充足保障。对于在培训、学习中成绩优异、表现突出的培养对象，企业优先给予提拔任用，以及相应的物质与精神奖励。对于通过在职进修获得专业技能、技术资格和职称、学历学位的员工，还部分甚至全部报销费用。

表7-5 　　　　　　　　　　企业经营的目标及文化

总体理念	具体内容
发展目标	坚持绿色、低碳、健康、安全的可持续发展理念，坚持一体两翼、适度多元的经营理念，以实业投资、资本运作、产融结合为核心，打造具有强大综合竞争力、备受社会尊重的"百年名企"
经营理念	用良心打造阳光企业，以责任赢得社会尊重
管理方针	唯才是举、唯能是用；团队协作、尊重个性；现地现物、精益求精；业绩导向、共享成长

企业提倡团队协作，认为没有团队精神的队伍就等于一盘散沙；也尊

重个性的张扬，没有个性就等于抹杀了创新与活力；并"高度重视员工的权益维护和教育培养"。成立了集团工会和子公司工会，建立了工资协商机制并依法成立了人民调解和劳动争议调解委员会，劳动合同签约率100%、社会保险参保率100%；员工还可以享受集团公司下属机构的一些福利，如以极优惠价格让孩子入读附属学校、附属医院就医等。

在企业调研中，无论是访谈到的高、中、基层管理者还是偶遇的普通员工，大家都会提到企业的经营理念"用良心打造阳光企业，以责任赢得社会尊重"，并提到他们的培训活动、生日会、孩子升学礼等等，由衷地展露开心的笑容，感受到他们在公司工作的满满幸福感。

在领导高度重视员工的理念下，企业员工对内敬岗爱岗，对外呈现出对组织的忠诚，积极主动为社区作贡献。企业涌现了一批批杰出的员工，频繁获得全国人大代表，省、市、县人大代表和政协常委、委员，全国及省市劳模、五一劳动奖章获得者、全国青联委员、优秀中国特色社会主义事业建设者，金牌工人、优秀外来务工青年、优秀党务工作者、优秀共产党员等荣誉。企业也获得"全国就业与社会保障先进民营企业"荣誉，实现了企业发展和员工进步"双赢"的格局，如图7-3所示。

表 7-6　　　　　　　　　　与员工相关的权益和福利

员工	内部权益和福利	时间	内 容
基本权益	法定福利	每年	国家规定的五险一金，法定节假日等
	法定权益保护	每年	签订劳动合同，享受法定节假日，如年假、婚假、产假等带薪假期
	员工额外福利	每年	健康体检、员工旅游、员工餐厅（四菜一汤）等
特殊福利	集团工会及子公司工会	每年	社会保险参保率100%
	工资协商机制	每年	保障员工经济权益
	人民调解和劳动争议调解委员会		劳动合同签约率100%

员工	内部权益和福利	时间	内　　容
延伸福利	员工互助慈爱基金	每年	定期慰问困难员工，重点帮扶患重病的员工及其家属
	员工子女福利	每年	儿童节为员工分发节日礼物，为考上大学的员工子女发奖金
员工成长性关怀	员工梯队培养计划	每年	对成绩优异、表现突出的培养对象，集团优先给予提拔任用，同时也及时地给予相应的物质与精神奖励
	员工在职进修	每年	进修获得专业技能、技术资格和职称、学历学位的员工，集团给予部分甚至全部费用报销的待遇
	各种技能及管理培训	每年	超过 2000 人次，培训总学时超过 1 万小时
	派遣员工到清华大学、中山大学等知名学府进行短期脱产培训	定期	提升员工专业工作综合能力技能
	"不减产、不裁员、不降薪"	2020 年至今	集团没有发生一例因疫情影响的减编、裁员行为
	组织全体员工进行法律法规学习	每年	集团日常化诚信教育得到普及

7.4.4　以消费者为核心，严把质量关

霸王花公司坚持着"用良心打造放心食品，以责任赢得社会尊重"的发展理念，以诚信来实现多方共赢，"几十年来专心做好一件事，那就是一块米排粉"。

霸王花米粉是广东省食品行业第一个受到国家地理标志保护的产品，在河源市行政区域内（东经 114 度 14 分至 115 度 36 分，北纬 23 度 10 分至 24 度 47 分）生产，全部或部分选取河源地区出产的优质大米为主要原

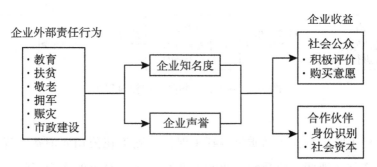

图7-3 企业发展和员工进步"双赢"格局

料（大米用量不小于70%、淀粉用量不大于30%），选用本地区优质水源，经浸泡、磨浆、配料、熟化、成型、烘干等传统工艺加工而成的条形或线形的干熟米制品，工艺流程图见图7-4。

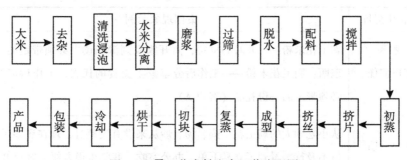

图7-4 霸王花米粉生产工艺流程图

公司严把采购、生产、出厂三大关，从而保证了霸王花米排粉的品质，保障了消费者的身体健康和合法权益。在采购环节，不论是签约农户收购还是部分外购原材料，都严格按照原材料采购标准，检测18种元素，包括重金属、农药残留，公司自有两个实验室检测，独立的送第三方的检测。所有超标原材料均被严格排查，确保原料合格后方可投入生产。生产过程严格遵循工艺标准操作，成品须经检验合格方可出厂，全过程严禁添加任何化学添加剂。米粉品质把控流程图见图7-5。

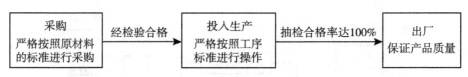

图 7-5 霸王花米粉品质把控流程图

这种工匠精神让产品质量得到了保证。霸王花公司向消费者提供了高品质的产品，消费者感受到企业的关怀和投入，对企业产生了认可及信任的情感嵌入，产生积极正向的客户反馈行为，并产生了客户推荐行为，即业主们向亲朋好友推荐，如表 7-7 所示。历经 40 余年发展，"霸王花"已成为居家、馈赠亲友的佳品，成为河源的一张名片。

表 7-7 　　　　　　　　**客户对企业高质量产品的回馈**

概念化提炼	案例现象示例
客户信任	霸王花米粉——儿时的早餐，离开家乡到深圳读书必须带走的一份东西；霸王花米粉——工作后分享家乡美食的代表，工作后离开家必须带走的一份礼品（客户 A）
客户反馈	从小吃到大的霸王花，蒸、汤、炒从来没有失望过，现在还多了拌，迫不及待，看到了立马下单，办公室吃，我觉得很方便（客户 B）
客户推荐	强烈推荐霸王花广东河源客家米粉，非常非常棒的米粉，广东大品牌确实是了得！从小吃到大，很怀念的味道（客户 C）

7.4.5　友好对待其他利益相关者

董事长朱日杨认为，只有践行诚信经营，才能实现共赢发展。霸王花公司在发展和稳固上下游企业及客户关系上，坚持守合同、重信用，获得了供应商、经销商等合作伙伴以及广大消费者的认可。霸王花公司多年来合同履约率 100%，从不拖欠供应商货款。

霸王花公司不仅坚持诚信经营，还在扶贫工作、公益事业等方面积极承担社会责任（见表 7-8），连续 12 年在"广东扶贫济困日"活动中捐款，每年在此项活动中捐款均超过 100 万元。截至 2022 年 9 月 2 日，该集团在教育、扶贫、敬老、拥军、赈灾、市政建设等社会公益事业累计捐款捐物超过 5500 万元。对员工、合作伙伴同样充满人情味，成为当地民营企业的榜样。

表 7-8　　　　　　　　积极承担外部社会责任

社会责任活动	时间	事件与结果
为洪水灾区捐款捐物	2005 年	在河源发生"6·20"百年一遇的特大洪水面前，朱日杨送去价值 20 多万元的物资，后又追加 20 万元善款
为地震灾区筹集善款	2008 年	"汶川大地震"期间筹集 10 多万元善款捐赠
助建中学	2008 年	为东江中学建设捐款 100 万元
助力广东扶贫	2010 年起	每年在"广东扶贫济困日"活动中捐款，每年均超过 100 万元
关爱脑瘫儿童	2017 年	企业积极坚持践行"我们不放过一个关爱机会"，为脑瘫儿童捐款 50000 元整
助力抗疫	2020 年	霸王花集团累计捐款捐医疗物资共计 106 万元
支援湖北抗疫物资	2020 年	集团通过河源市农业农村局支援湖北 6 吨霸王花米粉，缓解湖北地区粮食紧缺情况
改造德康医院积极抗疫	2020 年	将集团投资的德康医院改造成为后备接诊医院（河源首个也是唯一的民营医院），及时安排病人转院隔离

续表

社会责任活动	时间	事件与结果
助力校园事业	2021 年	东源县"百万册图书进校园"活动启动仪式捐赠 10 万元
由霸王花公司主导、市食检所参与制定的《地理标志产品河源米粉》获批	2022 年	《地理标志产品河源米粉》地方标准利于河源米粉生产、销售等领域的知识产权保护

企业在教育、扶贫、敬老、拥军、赈灾以及市政建设上都大力支持，充分地展示了其在社会层面的责任担当。这些行为有效地提升了企业形象，进一步提高了企业知名度，树立了良好的声誉，在社会产生积极评价，使合作伙伴高度支持，消费者愿意持续购买。企业外部责任行为及收益如图 7-6 所示。

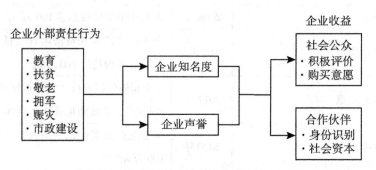

图 7-6　企业外部责任行为及收益

7.5　本章小结

本章通过调研访谈以重视社会责任著称的霸王花食品企业集团，发现霸王花公司的责任承担是企业高层管理者良好的责任价值观和理念，通过融入企业管理，真诚对待员工、保农户利益、促乡村发展，从而在经济、社会领域成果瞩目。

7.5.1　领导者良好的道德理念塑造负责任的食品企业

Bavik 等（2018）认为，道德型领导不仅可为他们的追随者提供分享知识所必需的机会，还能为他们的追随者提供分享知识所必需的动力。[1] 霸王花董事长及总裁对食品安全的重视及对社会责任的承担，在公司治理中，将管理者的个人价值观转化为企业理念，构成企业文化，并将责任思想融入日常管理，建立一套完整的规章制度并有效地执行，使"用良心打造阳光企业，以责任赢得社会尊重"的核心理念影响员工的价值观，并塑造员工的行为，以保证企业的行为活动有序进行，使每项指令在细节得到落实，达到高产品质量和高企业效益的结果，成为一个具有高度社会责任感的食品龙头企业。

食品安全责任是社会和法律赋予食品相关企业的综合期待（罗培新，2020）。食品企业最大的社会责任就是为消费者提供安全、有保障的健康食品，促进国民经济的平稳运行。食品安全责任是企业自始至终需要承担的。若是能"不忘初心，砥砺前行"，企业会呈现良性循环，既有利于自身发展，也能带来国民福音，惠泽于广大消费群体。霸王花食品公司秉持着"做好食品"的理念，正因为对消费者高度承担责任，霸王花公司宁愿承担经营的亏损，也要保证食品安全；负责任的企业增加了他们的声誉，赢得了社会尊重这反过来又支持了企业价值产生的过程，因为责任承诺增强了企业的信任，使它的运作整体上对于利益相关者和社会来说更为合法，从而使企业在经济、社会领域取得了令人瞩目的成果。

---

① Bavik Y L, Tang P M, Shao R, et al. Ethical Leadership and Employee Knowledge Sharing: Exploring Dual-Mediation Paths [J]. The Leadership Quarterly, 2018, 29 (2): 322-332.

7.5.2 关注员工的需求，真诚对待员工

霸王花公司的真诚性与无私的利他性有效提升了企业价值。从案例中可以看出，霸王花企业在员工培训及福利制度上花费了很大的工夫。霸王花公司对待员工像家人一样，不仅在员工孩子升学时举行仪式并赠送升学礼，还参加员工的婚礼等，并且在员工生病时给予无微不至的关怀和照顾。因此也得到了员工的忠诚和良好的工作积极性，同时，员工也会用高度关爱的态度对待客户与社会。Eisenbeiss 等（2015）研究发现，领导者和员工之间的牢固关系对企业有利，通过提升承诺、敬业度和动机可以最大限度地提高企业的整体效益。

企业的成长性关怀让霸王花员工"工作不枯燥，生活不单调"，公司建立了医院和学校，保障了员工各方面权益，让员工视"企业为家"，增强了组织认同感。信任和社会资本使企业的员工政策更可信和可靠，从而激励员工更好地工作，吸引和留住有能力和竞争优势的员工，这进一步提高了企业的竞争优势。企业收获了高度认可，树立了独特的形象，营造了极为有利于自身发展的环境。

7.5.3 保农户利益，促乡村发展

基于利益相关者理论，霸王花公司采用"公司+基地+农户"的产业化模式，确保农户利益，保重米粉的源头大米的高质量，同时促进了乡村经济的发展。企业经营行为和公益行为结合得越紧密，就越容易实现经济、社会效益的双重目标和可持续性（房莉杰与刘学，2021）。在战略选择中重视食品安全和环境保护，企业与员工及合作农户保持忠诚合作，并关心社区、媒体、政府、投身公益慈善等活动。在对公众等利益相关者施以慈善捐助、灾难救助、困难帮扶、投资教育等为主要形式的社会公益，提升了民众的好感度，消费者会更大可能回购公司产品，供应商会更大可能再次与公司合作，员工会更积极工作，非利益相关者会更大可能间接转述公

司的"正"与"义"。即使是受到疫情等不确定环境的影响，企业的社会绩效和经济绩效依然在不断增强（见图7-7）。

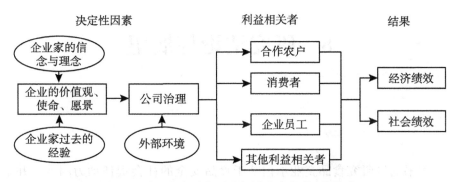

图 7-7　霸王花食品公司承担社会责任的逻辑框架

8 研究结论与展望

本书通过研究食品企业承担基于食品安全的社会责任动力因素，并结合其重要的利益相关者：政府、消费者、企业管理者和员工，探讨食品企业责任行为的促进机制。本章将总结归纳本研究的主要结论，指出研究存在的不足与局限，并对未来作出展望。

8.1 主要研究结论

本研究将企业社会责任动力机制细化到具体的与民生息息相关的食品行业来研究，这为我国企业社会责任的研究提供了一个新视点，研究主要结论如下：

（1）外部环境中来自于企业直接二元经济关系的合作伙伴的社会责任表现、社会及公众、包括新闻媒体在内的非政府组织（NGO）的期望构成规范力，对企业 CSR 行为有显著影响。在我国特定的历史条件和社会背景下，新闻媒体往往取代了政府的监管作用，食品企业不负责任的行为多是由新闻媒体揭露而曝光，从而对食品企业产生巨大的压力。因此，进一步放开新闻自由，给媒体以监督权可有效促进食品企业的责任行为。

（2）企业领导人的道德动力是促使我国食品企业社会责任 CSR 行为的重要因素。食品企业是"良心企业"，企业领导人的道德水平与价值观念直接影响了企业社会责任行为选择。负责任的领导会将企业社会责任观念内植于企业的文化和价值体系，进而融入企业的日常行为之中。因此在全民教育中加强道德教育，尤其对企业家加强道德培训有利于促进食品企业社会责任行为。

（3）企业市场导向作为包含行为要素的组织文化受到外部规范力的显著影响，又影响着企业社会责任行为，最终影响企业绩效。因此，企业重视其市场导向，建立适合食品企业特征的市场导向实施机制，具有重要的理论价值和现实指导意义。

（4）政府对食品企业的强制力必须注重效率与效果，并加强对地方政府的激励约束作用。食品企业与监管部门的博弈结果表明，由于地方政府与企业利益的趋同，博弈的最终结果往往是地方政府与企业合谋，企业社会责任则成了发展经济的成本而被"理性"地放弃。中央政府的最佳社会责任治理策略是加强对地方政府的监管，或对地方政府职能重新进行定位。中央政府应加大激励机制的研究，从法律法规上加大企业违法成本，对玩忽职守的地方政府相关人员进行严厉的问责制，从而建立起一个良好的市场机制。

（5）食品企业承担社会责任行为对消费者购买意向有显著影响。企业一旦出现道德败坏的行为，消费者会对其有严厉的惩罚行为。行业领军企业发生责任缺失行为会让消费者惩罚意愿更强。

（6）霸王花企业案例印证了企业领导人的道德动力有力地促进企业社会责任行为的理论，并显示出企业社会责任行为与企业绩效之间的正相关关系。从案例可以看出，企业创始人及高层管理者的价值观和理念、企业的创始人的信念和价值观以及过往的经历为形成企业社会责任奠定了基础；在公司治理中，将创始人的个人价值观转化为企业理念，构成企业文化，并将责任思想融入日常管理，建立一套完整的规章制度并有效地执行，这样才能有效落实 CSR 行为。食品企业的 CSR 行为包括企业与员工及合作农户保持忠诚合作，并将成功的企业战略模式复制到其他地区，同时友好对待竞争对手，关心社区、媒体、政府以及投身公益慈善等活动。

（7）解决食品企业社会责任缺失问题是一个系统工程，需要通过经济+社会+法律+道德等多种途径加以解决，并重视信誉、文化等软环境。企业内外各种力量的有效联动和配合才是食品企业履行社会责任的长期动力机制。

8.2 研究不足

虽然本研究在研究设计和方法上力求符合科学的原则，但由于研究时间、经济、精力的制约，研究结果仍然受到了一定的影响。

（1）研究角度的局限

在研究的角度方面，本研究仅从食品加工企业出发，基于利益相关者理论，选择经济动机、道德动机、政治动力、强制力、模仿力、规范力这六项内外部影响因素，并结合市场导向这一变量展开分析，讨论食品企业社会责任动力机制，由于主客观条件的限制，未能结合企业规模等变量测度指标因素分析。

（2）问卷资料的局限

由于本研究是采用调查问卷的方式收集资料，受测者是基于主观认知和判断来进行问卷填答，因而所收集的资料可能会发生某种程度上的偏差或扭曲。此外，由于本研究采取的是方便调研样本，部分样本是在食品专业毕业的校友协助下完成，代表性存在一定的局限。后续研究应该尽力创设条件，调动更多的资源，从更大的范围获取代表性的样本，以提高研究结果的外部效度。

（3）案例资料方面的局限

本研究通过深入调研一家食品企业，来了解其 CSR 行为的发生和发展过程。单一案例研究有助于复杂现象的深入研究，而且论文是从多角度来源的证据进行分析，但其研究结论是否适用其他企业或行业，则有待于后续的相关研究检验。

食品安全和食品企业 CSR 相关研究在我国还处在不断发展中，食品企业社会责任的实践也还处在探索之中。理论与实践的密切结合，将是企业社会责任研究今后发展的重要特点；研究的视角也将会结合国际经济环境的变化，与经济学、管理学、社会学和法学等学科进行进一步融合。

8.3　未来展望

食品企业社会责任行为的动力建设并非仅是企业自身的事情。一个经济体系正常秩序的维持，不能只依赖企业的自觉性，应建立在法律和规则的基础上。当前我国不少企业的社会责任意识淡薄，不仅与这些企业家的素质有关系，更重要的是政府相关职能部门没有承担起相应的监管责任（梁桂全、黎友焕，2004）。① 由于现实中监管失职和执行难等问题频繁出现，法律还应进一步加强监管者失职追责的研究，应借鉴食品监管制度完善的欧美国家的措施，加大责任追究力度，对失职、渎职行为要依法依纪追究责任。从制度上严惩不负责、不作为的监管者，以形成食品安全的有效的外部强制力。

结合前面的研究，本研究认为有了良好系统的法律硬环境，还需要从信誉、社会文化环境等软环境方面进行约束以促进企业重视食品责任。

（1）提高信誉机制降低食品安全风险。通过强化企业食品安全责任，提高重视食品安全企业的美誉度，使其与不重视食品安全的企业产生声誉差异、市场差异，这样，企业食品安全信誉得益越大，其生产安全食品的动力越大，企业越重视食品安全。

（2）培养诚信责任的社会文化。政府、企业和公众共同塑造以实施质

---

① 梁桂全，黎友焕. SA8000 削弱珠三角出口企业竞争力［J］. WTO 经济导刊，2004（7）：80-83.

量责任为己任的社会文化氛围，从源头治理，将监管关口前移，建立健全保障食品安全的行业自律机制，监管机构增加政务透明度，以提高食品企业重视食品安全的程度，提高消费者的消费水平和普及安全、健康消费观念，压缩不安全食品的利润空间，从而保证食品安全。

（3）加强对企业管理者的社会责任道德培训。国外越来越多的组织正通过研讨会、专题讨论会和类似的道德培训项目来鼓励道德行为。这种培训是否能起到预期的作用？西方的学者引用了一些数据表明，教授解决道德问题的方法能使道德行为产生实质性的差别，这种培训提高了个人道德发展水平，增强了对经营道德问题的意识（Weber，1990），① 企业家社会责任意识的培训有助于加强企业实行企业社会责任的内部动力。在美国，截至1993年，90%以上的商学院开设了企业伦理学方面的课程，而我国在企业家培训方面还做得非常欠缺。有效地针对企业管理者的道德培训有利于企业高层在决策时以责任为中心，从而更好地促进 CSR 行为。

---

① Weber J. Measuring the Impact of Teaching Ethics to Future Managers: A Review, Assessment, and Recommendations [J]. Journal of Business Ethics, 1990, 9: 183-190.

附录1 食品企业社会责任行为及影响因素调查问卷

尊敬的先生/女士：您好！

十分感谢您在百忙之中抽出时间填写此问卷。本次调查是仅限于学术研究使用。我们郑重向您承诺，问卷所涉内容仅仅进行统计分析，对外严格保密。您的回答对我们非常重要，十分感谢您的支持和配合！

公司名称：_____ 主要产品：_____

（对研究结论感兴趣者请留以下信息）收件人姓名：_____

通信地址：_____ 邮编：_____ E-mail _____

第一部分：背景资料

（一）填表者基本情况（请根据您个人的真实情况回答下列问题，并将相应□画✓。）

性别	男□ 女□
职位	董事长或总裁□ 高级管理人员□ 中层管理人员□ 其他_____
年龄	30 岁及以下□ 31~40 岁□ 41~50 岁□ 51~60 岁□ 60 岁以上□

续表

文化程度	大专以下□　　　大专□　　　大学本科□　　　研究生及以上□
在本公司任职时间	3 年及以下□　　　3~5 年及以下□　　　5~10 年及以下□ 10 年以上□
听说这些概念	联合国全球契约□　　　国际劳工公约□　　　企业公民□ SA8000□　　　利益相关者□　　　HACCP□ ISO22000□　　　ISO26000□　　　企业社会责任 报告□ 都没听过□　　　　　　　　　　　　其他：_____

（二）企业基本情况（请根据您所在企业的真实情况在相应□中画✓）。

企业管理模式	企业所有者管理□　　　职业经理人管理□　　　其他_____
公司的员工数 （含分支机构， 单位：人）	100 及以下□　　　100~300 及以下□　　　300~500 及以下□ 500~1000 以下□　1000~2000 及以下□　　　2000 以上□
企业性质	国有企业□　集体所有制企业□　　三资企业□　私营企业□ 其他_____
企业所处 发展阶段	创业阶段：企业刚成立不久，企业效益不太稳定□ 成长阶段：企业产品市场基本稳定，生产步入正轨，成长较 快，效益迅速提高□ 成熟阶段：产品（服务）市场稳定，企业效益比较平稳□ 衰退阶段：产品（服务）市场缩小，企业效益下降□
企业 2010 年 总销售额（人民币）	100 万元以下□　　　　　　　100 万~500 万元及以下□ 500 万~1000 万元及以下□　1000 万~3000 万元及以下□ 3000 万~5000 万元及以下□　5000 万~15000 万元及以下□ 15000 万元以上□

（三）主要术语及定义（填写前，请仔细阅读以下术语和定义，以确保理解问卷有关内容）企业社会责任：本研究指企业在开展追求自身经济利益的活动中保证食品安全，在此基础上，承担对其利益相关者的责任行动（包括诚实、平等、尊重和保护他们公平正义利益的行为）。

食品安全：本研究指"食品质量的安全"。即食品质量对使用者健康、安全的保证程度。

利益相关者：与企业生产经营行为和后果具有直接和间接利害关系的群体或个人。主要包括：企业内部员工、消费者、商业客户、所在社区环境及社会等。

第二部分：调查内容
（共 31 题，请填写后看是否有漏答，谢谢！）

请根据您的了解，结合本企业的实际情况，判断下列陈述与企业实际情况的符合程度（请在相应数字上画✓）	（1 表示完全不赞同，2 不赞同，3 少许不赞同，4 不清楚，5 少许赞同，6 赞同，7 完全赞同）						
	完全不赞同------完全赞同						
1. 当地政府要求本企业去开展企业社会责任行动，并遵守一些社会责任行为规范（如：SA8000，ISO22000）。	1	2	3	4	5	6	7
2. 所处的行业协会要求本企业去开展企业社会责任行动。	1	2	3	4	5	6	7
3. 上级（董事会、主管部门等）要求本企业去履行企业社会责任。	1	2	3	4	5	6	7
4. 各级政府对本行业中违反社会责任的经营行为有严厉惩罚措施。	1	2	3	4	5	6	7
5. 部分同行因其社会责任履行较好扩大了它的知名度。	1	2	3	4	5	6	7
6. 社会责任建设做得好的同行在经营中的效益好。	1	2	3	4	5	6	7
7. 本地或同业标杆企业的社会责任情况对本企业有深刻影响。	1	2	3	4	5	6	7
8. 我们企业的商业客户社会责任行动履行情况比较好。	1	2	3	4	5	6	7

请根据您的了解，结合本企业的实际情况，判断下列陈述与企业实际情况的符合程度（请在相应数字上画✓）	（1表示完全不赞同，2不赞同，3少许不赞同，4不清楚，5少许赞同，6赞同，7完全赞同）完全不赞同------完全赞同						
9. 我们企业的供应商社会责任行动履行情况比较好。	1	2	3	4	5	6	7
10. 公众对企业负责任地对待利益相关者的行为非常赞赏。	1	2	3	4	5	6	7
11. 社会及公众的社会责任意识程度较高。	1	2	3	4	5	6	7
12. 媒体对企业社会责任的监督力量较强。	1	2	3	4	5	6	7
13. 企业领导、员工接受的社会责任教育对本企业有很强的影响力。	1	2	3	4	5	6	7
14. 本企业生产经营的目的仅是为了提升企业的利润。	1	2	3	4	5	6	7
15. 保重高品质产品质量关键是因本企业高层管理者道德驱动。	1	2	3	4	5	6	7
16. 本企业承担社会责任关键是为了与政府保持良好的关系。	1	2	3	4	5	6	7
17. 本企业不断提高产品的安全和服务的质量。	1	2	3	4	5	6	7
18. 我们的销售人员和雇员必须向所有的客户提供充分和准确的信息。	1	2	3	4	5	6	7
19. 本企业积极支持社区活动。	1	2	3	4	5	6	7
20. 本企业非常注意避免生产中的能源和材料浪费。	1	2	3	4	5	6	7
21. 我们整个企业在短时间就能了解主要客户或市场发生的重要事项。	1	2	3	4	5	6	7
22. 本企业非常关注员工的满意度。	1	2	3	4	5	6	7
23. 本企业的不同部门之间有良好的沟通和协调。	1	2	3	4	5	6	7
24. 本企业非常关注客户的满意度。	1	2	3	4	5	6	7
25. 客户投诉并不被本企业视为关键和重要的问题。	1	2	3	4	5	6	7
26. 本企业为员工提供全面的培训，教导他们如何服务顾客。	1	2	3	4	5	6	7
27. 我们会定期审查经营环境的变化（例如，政府管制）对客户可能产生的影响。	1	2	3	4	5	6	7
28. 本企业被商业伙伴或债权人认为是一个值得信赖的公司。	1	2	3	4	5	6	7
29. 本企业相对于同行企业取得了很好的投资回报率。	1	2	3	4	5	6	7

续表

请根据您的了解，结合本企业的实际情况，判断下列陈述与企业实际情况的符合程度（请在相应数字上画√）	（1 表示完全不赞同，2 不赞同，3 少许不赞同，4 不清楚，5 少许赞同，6 赞同，7 完全赞同）						
	完全不赞同------完全赞同						
30. 本企业的工资、福利在本地或本行业中有很强的竞争力。	1	2	3	4	5	6	7
31. 本企业产品或服务质量与安全水平属于同行领先水平。	1	2	3	4	5	6	7

问卷调查结束，非常感谢您的参与！

附录 2　参与食品企业社会责任行为调研的企业名录

广东揭西加兴堂保健食品有限公司

广东雅士利集团股份有限公司

广东乐百氏集团

蕊盛蕊（广州乳业有限公司）

万盼食品有限公司

徐福记国际集团东莞徐记食品有限公司

Puratos 爱因斯坦

安徽乐建绿色食品有限公司

安利（中国）日用品有限公司

百胜餐饮（广东）有限公司

百事可乐

宝生园

长治市白雪冷饮有限公司

春笛酒文化研发有限公司

邓老凉茶

东莞百花园食品有限公司

东莞雀巢有限公司

东莞市宝丰贸易食品有限公司

东莞市汇丰食品有限公司

东莞市蒙自源饮食有限公司

东莞市穗丰食品有限公司

东莞市太粮米业有限公司

东莞市糖酒集团东方配销有限公司

东莞市味之旅食品有限公司

东莞市永恒食品有限公司

东莞万好食品有限公司

东莞真滋味食品有限公司

多喜乐食品（漳州）有限公司

多鱼食品有限公司

佛山广粮饮料食品有限公司

佛山国农淀粉有限公司

佛山市海天（高明）调味食品有限公司

福建加多宝饮料有限公司

福建喜多多食品有限公司

福州美可食品有限公司

广东富农食品有限公司

广东过江龙酒业有限公司

广东加多宝饮料食品有限公司

广东夹心糖保健食品有限公司

广东美味鲜调味食品有限公司

广东省九江酒厂有限公司

广东穗方实业有限公司

广东天农食品有限公司

广东喜之郎集团有限公司

广东新南方集团

广东雅士利集团股份有限公司

广东燕京啤酒有限公司

广东肇庆星湖生物科技股份有限
　公司

广州百事可乐饮料有限公司开发区
　分公司

广州萃取生物科技有限公司

广州顶津食品有限公司深圳生产分
　公司

广州顶益有限公司

广州富农食品有限公司

广州光明乳业有限公司

广州金点黄食品公司

广州绿森生物科技有限公司

广州绿洲生化科技有限公司

广州麦田食品有限公司

广州南侨油脂有限公司

广州市广聚生物科技有限公司

广州市靠得住食品有限公司

广州市清心堂凉茶有限公司

广州统一企业有限公司

广州香雪亚洲饮料

广州养和堂邓老凉茶连锁有限公司

广州益力多乳品有限公司

广州鹰金钱企业集团公司

广州永康公司

海霸王国际集团有限公司

河南伊利股份有限公司

亨氏（中国）调味食品有限公司

华农大食品科技有限公司

华农乳品

华润怡宝食品饮料（深圳）有限
　公司

惠州秀和食品有限公司

嘉顿食品贸易（中国）有限公司

箭牌糖果（中国）有限公司

江门宝华实业有限公司

江门量子高科股份有限公司

施恩（广州）婴幼儿营养品有限
　公司

斤新程金锣肉制品有限公司

金伯乐调味有限公司

九江酒厂

蓝带啤酒有限公司

乐百氏食品饮料有限公司

李锦记（新会）食品有限公司　　省储备粮珠海库

连云港鸿润发食品公司　　江门实瑞公司

临新程金锣肉制品有限公司　　双汇集团

临邑福润禽业食品有限公司　　天府一支笔

龙堡食品（广东）有限公司　　统一食品公司

麦当劳　　旺旺食品有限公司

美国联合食品配料有限公司　　香港优之良品有限公司

美赞臣营养品（中国）有限公司　　一日三餐

奈氏力斯　　益海嘉里深圳营销分公司

南京紫泉饮料有限公司　　营宽公司

千麦贝　　雨润集团

强强兴乳业　　湛江市伊齐爽食品有限公司

青岛六和雨润有限公司　　漳州大闽食品

上海太太乐食品有限公司　　中粮粮油有限公司

上海紫泉饮料食品有限公司　　中粮万威客食品有限公司

深圳民声科技有限公司　　中山富田食品有限公司

深圳市晋年贸易有限公司　　珠海科泰食品有限公司

深圳松旺食品有限公司　　诸城六和东方食品有限公司

生物源　　邦基三维油脂有限公司

注：问卷中部分企业名录缺失。

附录3 消费者对食品安全事件不同归因的惩罚意向研究

先生/女士：您好！

我们目前正在进行一项有关于食品企业社会责任的研究。感谢您抽出宝贵的时间，您的答案无所谓对或错，仅代表您个人的看法。您的答案是被严格保密的，仅用作学术分析，衷心感谢您的合作！

案例描述1：据媒体报道，A市发生一起重大食品安全事件，多名消费者在食用某一食品企业生产的"×××"系列食品后出现不同程度的身体不适。经调查，<u>是由于某一食品企业明知原材料过期变质的情况下，为了节省成本，公司仍然将已过保质期且变质的原材料用作生产食品。</u>

一、请您根据上述案例1，就自己的感知填写以下题项。*	非常不同意	不同意	一般	同意	非常同意
1. 我认为该企业是人为因素导致的食品安全问题。					
2. 我认为该企业为追求短期利润，在生产加工过程中以假乱真、以次充好。					
3. 我认为该企业为节省成本，利用劣质原材料引发食品安全问题。					
4. 我认为该食品安全事件的发生是道德缺失引起的。					
5. 如果该企业是行业领军企业（拥有多个知名品牌，市场占有率高于10%），我认为其对社会有很严重的危害。					

续表

一、请您根据上述案例1, 就自己的感知填写以下题项。*	非常不同意	不同意	一般	同意	非常同意
6. 如果该企业是行业领军企业, 我认为该企业的行为导致的后果非常严重。					
7. 如果该企业是行业中的领军企业, 我无法原谅该企业的行为。					
8. 如果该企业是行业中的一般企业 (不具有知名品牌且低于1%的市场占有率), 我认为其对社会有很严重的危害。					
9. 如果该企业是行业中的一般企业, 我认为该企业行为导致的后果非常严重。					
10. 如果该企业是行业中的一般企业, 我无法原谅该企业的行为。					
二、请您根据案例1, 假设您是该企业直接消费者的情况下, 填写以下题项。*	非常不同意	不同意	一般	同意	非常同意
1. 该企业发生食品质量安全事件后, 我会向亲友或媒体抱怨并传播负向口碑。					
2. 企业发生食品质量安全事件后, 我不再购买该企业的产品。					
3. 该企业发生食品质量安全事件后, 我会购买其竞争对手的产品。					
4. 该企业发生食品质量安全事件后, 我会向该企业提出索赔。					
5. 该企业发生食品质量安全事件后, 我会对责任企业提出法律诉讼。					
6. 该企业发生食品安全事件后, 除了上述行为, 我还会采取其他措施: _____					

　　案例描述2: 据媒体报道, A市发生一起重大食品安全事件, 多名消费者在食用某一企业生产的 "×××" 系列食品后出现不同程度的身体不

适。经调查，<u>是由于该食品企业在购进原材料时未能检测出其某种细菌超</u><u>标，并直接用于生产食品。</u>

三、根据案例 2，请就您自己的感知填写以下题项。＊	非常不同意	不同意	一般	同意	非常同意
1. 我认为该企业检测条件不完善，缺乏食品质量安全保障机制。					
2. 我认为该企业技术设备落后，质量安全控制能力低。					
3. 我认为该企业的质量安全监测水平不足，无法发现原材料质量问题和安全风险隐患。					
4. 我认为该食品安全事件是由于能力不足导致的。					
5. 如果该企业是行业中的领军企业（拥有多个知名品牌和市场占有率高于 10%），我认为其对社会有很严重的危害。					
6. 如果该企业是行业中的领军企业，我认为该企业行为导致的后果非常严重。					
7. 如果该企业是行业中的领军企业，我无法原谅该企业的行为。					
8. 如果该企业是行业中的一般企业（不具有知名品牌且低于 1% 的市场占有率），我认为其对社会有很严重的危害。					
9. 如果该企业是行业中的一般企业，我认为该企业导致的后果非常严重。					
10. 如果该企业是行业中的一般企业，我无法原谅该企业的行为。					
四、请您根据案例 2，假设您是该企业直接消费者的情况下，填写以下题项。＊	非常不同意	不同意	一般	同意	非常同意
1. 该企业发生食品质量安全事件后，我会向亲友或媒体抱怨不满，传播负向口碑。					

续表

四、请您根据案例2，假设您是该企业直接消费者的情况下，填写以下题项。*	非常不同意	不同意	一般	同意	非常同意
2. 该企业发生食品质量安全事件后，我不再购买该企业的产品。					
3. 该企业发生食品质量安全事件后，我会购买其竞争对手的产品。					
4. 该企业发生食品质量安全事件后，我会向该企业提出索赔。					
5. 该企业发生食品质量安全事件后，我会对责任企业提出法律诉讼。					
6. 该企业发生食品安全事件后，除了上述行为，我会采取其他措施：_____					

第二部分：个人信息

1. 您的性别是　[单选题]*
   ○男　　　　○女

2. 您的文化程度是　[单选题]*
   ○初中或以下　○高中　○大学专科　○大学本科　○研究生或以上

3. 您的年龄是　[单选题]*
   ○20岁以下　○21~29岁　○30~39岁　○40~49岁　○50~59岁
   ○60岁以上

4. 您的职业是　[单选题]*
   ○机关、事业单位职工　○企业员工　○私营业主　○离退休人员
   ○学生　○其他_____*

5. 您的月收入为：　[单选题]*

○4500 元以下　　○4501~6000 元　　○6001~8000 元

○8001~12000 元　　○12000 元以上

问卷调查结束，非常感谢您的参与！

附录4 关于道德领导与企业社会责任的调查问卷——领导版

尊敬的先生/女士：

您好！非常感谢您参与此次问卷调查！本次调查问卷采用匿名形式填写，您的一切回答（包括个人资料）仅供学术研究使用，绝不对外公开。同时，您的答案无对错之分，仅代表您的个人感受，感谢您的支持与协助！

第一部分：基本信息

1. 您的性别：[单选题] *

    ○男 ○女

2. 您的年龄段：[单选题] *

    ○25 岁或以下 ○26～35 岁 ○36～45 岁 ○46 岁以上

3. 您的教育程度：[单选题] *

    ○高中及以下 ○大专 ○本科 ○硕士及以上

4. 您在本企业属于：[单选题] *

    ○基层领导 ○中层领导 ○高层领导

5. 您的工作年限：[单选题] *

    ○1 年以下 ○1～3 年 ○4～5 年 ○6～10 年

　　○10年以上

6. 您的婚姻状况：[单选题]*

　　○未婚　　　　　○已婚　　　　○离异

第二部分：本研究测量量表

　　本部分采用李克特量表（Likert scale）进行测量，请您根据下面这些描述与自己实际情况或感受的符合程度，在七个选项中选择一个进行综合评分。

请您根据个人感受对下列信息进行综合评分（请在相应数字上画✓）。	(1表示完全不赞同，2不赞同，3少许不赞同，4不清楚，5少许赞同，6赞同，7完全赞同) 完全不赞同------完全赞同						
1. 我能够倾听员工的声音	1	2	3	4	5	6	7
2. 我会以符合伦理道德的方式引导自己的个人生活	1	2	3	4	5	6	7
3. 我能够心存员工的利益最大化，做出公正且合理的决策	1	2	3	4	5	6	7
4. 我能够指导组织成员做事情的正确方式	1	2	3	4	5	6	7
5. 我能够被信任	1	2	3	4	5	6	7
6. 我会和组织成员讨论商业道德规范和价值观	1	2	3	4	5	6	7
7. 在道德方面，我能够按照伦理道德的要求来树立榜样	1	2	3	4	5	6	7
8. 我在评价成功与否时，不仅会看结果，还会看获得结果的方式	1	2	3	4	5	6	7
9. 我在做决策时，会问"到底什么才是真正应该做的?"	1	2	3	4	5	6	7
以下选项请您从企业整体角度对下列信息进行综合评分。 [矩阵量表题]*							
1. 企业实行灵活的政策，使员工工作与生活得到平衡	1	2	3	4	5	6	7
2. 与员工有关的管理决策都是公平的	1	2	3	4	5	6	7

续表

请您根据个人感受对下列信息进行综合评分（请在相应数字上画✓）。	（1 表示完全不赞同，2 不赞同，3 少许不赞同，4 不清楚，5 少许赞同，6 赞同，7 完全赞同）完全不赞同------完全赞同						
3. 管理过程中首先考虑员工的需求和期望	1	2	3	4	5	6	7
4. 为所有员工提供平等的机会	1	2	3	4	5	6	7
以下选项请您从企业整体角度对下列信息进行综合评分。[矩阵量表题]*	（1 表示完全不赞同，2 不赞同，3 少许不赞同，4 不清楚，5 少许赞同，6 赞同，7 完全赞同）完全不赞同------完全赞同						
5. 为员工提供合理的工资待遇	1	2	3	4	5	6	7
6. 鼓励员工技能及职业发展，支持希望获得额外教育的员工	1	2	3	4	5	6	7
7. 我们公司的主要原则之一，就是为顾客提供高质量的产品	1	2	3	4	5	6	7
8. 我们的产品符合国家及国际的标准	1	2	3	4	5	6	7
9. 综合来讲我们的产品具有强大的市场竞争力	1	2	3	4	5	6	7
10. 我们公司为客户提供了全面准确的产品信息	1	2	3	4	5	6	7
11. 公众眼中我们企业是个受尊敬且值得信赖的公司	1	2	3	4	5	6	7
12. 企业坦诚的处理每一项事务	1	2	3	4	5	6	7
13. 在一些企业社会责任项目中，企业与竞争对手合作	1	2	3	4	5	6	7
14. 我们公司始终避免不正当竞争	1	2	3	4	5	6	7
15. 我们公司向慈善机构捐赠大量资金	1	2	3	4	5	6	7
16. 我们公司捐赠那些可以提升社区福利的活动及项目	1	2	3	4	5	6	7
17. 我们公司参与了为改善将来社会福利的研发项目	1	2	3	4	5	6	7
18. 我们公司采取一些特殊的手段与措施来尽量减少对自然环境的负面影响	1	2	3	4	5	6	7
19. 我们公司参与那些以保护并改善环境为目的的活动	1	2	3	4	5	6	7
20. 我们公司拥有必要的设备以减少对环境的负面影响	1	2	3	4	5	6	7

第三部分：作为企业家，根据您的理解，您认为目前企业社会责任仍有哪些提升的空间？有什么改进方面的建议？（如员工责任、产品责任、诚信公正责任、慈善公益责任、环境责任等方面）。[填空题]

_____

附录5 关于道德领导与企业社会责任的调查问卷——员工版

尊敬的先生/女士：

您好！非常感谢您参与此次问卷调查！本次调查问卷采用匿名形式填写，您的一切回答（包括个人资料）仅供学术研究使用，绝不对外公开。同时，您的答案无对错之分，仅代表您的个人感受，感谢您的支持与协助！

第一部分：基本信息

1. 您的性别：[单选题]*

   ○男　　　○女

2. 您的年龄段：[单选题]*

   ○25岁或以下　　○26~35岁　　○36~45岁　　○46岁以上

3. 您的教育程度：[单选题]*

   ○高中及以下　　　○大专　　　○本科　　　○硕士及以上

4. 您在本企业属于：[多选题]*

   □生产型员工　　□技术型员工　　□管理型员工　　□服务型员工
   □项目型员工

5. 您在本企业的工作年限：[单选题]*

○1 年以下　　　　○1~3 年　　　　○4~5 年　　　　○6~10 年

○10 年以上

6. 您的婚姻状况：[单选题]*

○未婚　　　　　○已婚　　　　　○离异

第二部分：本研究测量量表

本部分采用里克特量表（Likert scale）进行测量，请您根据下面的这些描述与自己实际情况或感受的符合程度，在七个选项中选择一个进行综合评分。

请您根据个人感受对下列信息进行综合评分（请在相应数字上画✓）。	(1 表示完全不赞同，2 不赞同，3 少许不赞同，4 不清楚，5 少许赞同，6 赞同，7 完全赞同)　　完全不赞同------完全赞同						
1. 我相信我所在企业是非常正直的	1	2	3	4	5	6	7
2. 我认为我所在企业对待我的态度是一致的、可靠的	1	2	3	4	5	6	7
3. 我所在企业总是诚实可信的	1	2	3	4	5	6	7
4. 我认为我所在企业对我是坦率、直接的	1	2	3	4	5	6	7
5. 我完全相信我所在企业	1	2	3	4	5	6	7
6. 我认为我所在的企业能够公平地对待我	1	2	3	4	5	6	7
以下题项涉及正反两面，请您根据下列信息进行综合评分（请在相应数字上画✓）。	(1 表示完全不赞同，2 不赞同，3 少许不赞同，4 不清楚，5 少许赞同，6 赞同，7 完全赞同)　　完全不赞同------完全赞同						
1. 我会努力维护企业形象，并积极参与有关的活动	1	2	3	4	5	6	7
2. 我会主动宣传企业的优点，或澄清他人对企业的误解	1	2	3	4	5	6	7
3. 我会主动提出建设性的改善方案，供本企业有关部门参考	1	2	3	4	5	6	7

以下题项涉及正反两面，请您根据下列信息进行综合评分（请在相应数字上画✓）。	（1 表示完全不赞同，2 不赞同，3 少许不赞同，4 不清楚，5 少许赞同，6 赞同，7 完全赞同）完全不赞同------完全赞同						
4. 我会以积极的态度参与企业的相关会议	1	2	3	4	5	6	7
5. 我愿意帮助组织新成员，使其更好地适应企业环境	1	2	3	4	5	6	7
6. 我愿意帮助组织成员解决工作中的相关问题	1	2	3	4	5	6	7
7. 如果需要的话，我愿意分担或代理组织成员的工作	1	2	3	4	5	6	7
8. 我愿意与组织成员沟通协商	1	2	3	4	5	6	7
9. 即使没有人注意且不会留下任何证据，我也会随时遵守企业的规定	1	2	3	4	5	6	7
10. 我对工作认真负责，并且很少出错	1	2	3	4	5	6	7
11. 我从不挑选工作，并且愿意接受新的或是困难的任务	1	2	3	4	5	6	7
12. 我会为了提升工作品质，而努力自我充实	1	2	3	4	5	6	7
13. 我经常提早到达企业，并开始工作	1	2	3	4	5	6	7
14. 有些组织成员在企业内争权夺利，以至于破坏组织和谐	1	2	3	4	5	6	7
15. 有些组织成员假公济私，利用职权为个人谋利	1	2	3	4	5	6	7
16. 有些组织成员斤斤计较，争功邀赏，不惜抗争以获得个人私利	1	2	3	4	5	6	7
17. 有些组织成员经常在背后讨论领导或是其他成员的隐私	1	2	3	4	5	6	7
18. 经常有人利用工作时间处理个人事务	1	2	3	4	5	6	7
19. 经常有人利用企业资源处理个人事务	1	2	3	4	5	6	7
20. 经常有人借口请假，并视此为一项福利	1	2	3	4	5	6	7

第三部分：作为组织成员，根据您的感受，您认为您所在的企业其企业社会责任（如员工责任、产品责任、诚信公正责任、慈善公益责任、环境责任等方面）存在哪些提升的空间？有什么改进方面的建议？[填空题]

后　记

　　我对企业社会责任的关注可以追溯到 2004 年，那一年，与大学同学张金枝的一次聊天让我第一次接触到 SA8000（"社会责任标准"）。她提到，为了获得跨国公司的订单，她所在的台资企业需要通过这一认证。SA8000 要求企业关注许多管理中常被忽视的细节，如工人的住宿条件。我开始关注和了解相关资讯，发现当时舆论普遍认为这是针对我国企业出口的贸易壁垒。而通过更广泛的阅读和思考，我看到了其潜在的积极意义。于是，在 2004 年和 2005 年，我分别撰写并发表了《SA8000 对我国中小出口企业的影响》和《"民工荒"与 SA8000》两文，其中《乡镇企业研究》刊登了第一篇并将标题列于封面，还曾接到《WTO 经济导刊》的约稿电话，遗憾的是忙碌于生活和工作的我未能进行及时深入的研究。

　　感谢我的博士生导师、前广东省省长卢瑞华教授（已故），他以广博的学识和实践智慧引领我的学术道路。在博士论文选题时，我曾陷入迷茫，是他不断鼓励我关注具有前瞻性的议题，并将目光投向尚未成为热点的企业社会责任领域。他结合当时频发的食品安全问题，启发我将社会责任的研究方向与实际问题紧密结合。先生的指引与支持，不仅让我找到投身学术事业的动力，也直接促成了本书的诞生。本书既是我博士论文的延续，也是这些年来积累与思考的结晶。

　　感谢华南农业大学经济管理学院众多老师的支持，特别是罗必良教授、罗明忠教授，他们的专业指导为我的研究奠定了坚实的理论基础。同办公室的好友何勤英教授则在我彷徨时不断鼓励，让我始终坚信努力必有收获。张雪兰教授帮我联系出版社，为本书的顺利出版铺平了道路。本研究得益于许多研究生的共同努力，包括谢丽思、古智忠、阎慧、钟宇霖、付苏豪、李文慧、韦江凌、罗利娟、周春梅、翁小磊、陈晓琳、吕燕波。他们的协助让我深刻体会到团队合作的力量，其中，谢丽思同学的毕业论文整理后成功发表在《华南农业大学学报（社会科学版）》上，令我倍感欣慰。感谢广东省哲学社会科学规划后期资助项目"食品企业社会责任行为的动力机制研究"（GD20HGL01）以及华南农业大学经济管理学院的资助，很荣幸本书被选入《广东哲学社会科学规划优秀成果文库》（2021—2023）。

在书稿的撰写过程中，我的家庭也经历了成长与变化。先生潘涌璋始终是我坚强的后盾，他在繁忙的工作中主动分担家庭责任，鼓励我克服困难、不轻言放弃。本书的完成见证了儿子潘柏乐的成长，他从一个爱依赖的小娃成长为今天哈佛与麻省理工联合培养的医学工程直博生，拥有良好的责任与担当，他的懂事与优秀让我倍感欣慰，也成为我坚持写作的动力源泉。姐姐左曙宏以她的语文特长为文章增添了语言的光彩；外甥女文思敏以新闻记者的敏锐视角，帮助我寻找最新的资讯，为研究提供了宝贵的素材。父亲左宗利通过撰写自传，身体力行地鼓励我以书为载体，为社会留下精神财富。母亲谭舜枝更是为我的学术事业倾尽全力，她不辞辛劳地帮助我照顾孩子和家庭，让我能够专心投入研究。遗憾的是，她已因病离世，未能亲眼看到本书的出版，让我深感"子欲养而亲不待"的遗憾。谨以此书献给她，感谢她一生无私的付出与深情厚爱。

本书的完成，不仅是个人努力的结果，更是家人和师友支持与关怀的结晶。感谢所有在这条路上给予我帮助的人，是你们让我深刻体会到，学术不仅是探索未知，更是一场承载爱与责任的旅程。希望这本书能为企业社会责任的研究贡献一份绵薄之力，同时传递那份因爱与责任而愈加深远的初心！